米国への往復きっぷ
人生計画の展開

大橋慶一

幻冬舎ルネッサンス新書
261

まえがき

最近は、人生百年も珍しくない。

版画家・篠田桃紅（1913–2021）や、詩人・まど みちお（1909–2014）の展覧会に行って感激し、また、聖路加国際病院の日野原重明（1911–2017）の本を愛読する。さらに、私は全く知らない世界であったが、最近ファッションデザイナー・森英惠（1926–2022）についての放送を聞く。タイミングよい見事なデビューと、それを可能にしたご主人の応援に強い印象を受けた。

これらの人々は、野球でいうとホームランバッターである。一方、野球では四死球や内野安打でもいいからとにかく出塁し、盗塁を狙うという小技で生きる選手もいる。これらを仮に、長打型人間、単打型人間と名付けておこう。

本として世に出るのは、長打型人間の偉人伝ばかりである。単打型人間の凡人伝があってもいいではないか。そして、かえってその方が、参考になることが多いのではないか。そのような思いから、単打型を自認する自分のこれまでの生き方を詳しく語ってみることにした。しばらくお付き合い願いたい。

野球の大谷翔平選手が、今年のWBCでの米国との決勝戦前の声出しで、「憧れるのはやめましょう」とチーム一同に言ったそうだ。これはまさに名言だ。偉人伝ばかり読んで、憧れてばかりいては進歩はない。世の中は皆自分たちとはそれほど変わりはないという信念を持てるような本を読んでほしい。偉人に対して、生き方では引け目を感じないことである。その意味で凡人伝も存在価値があるだろう。

単打型人間では、自分の持っているものだけでは十分でないので、その人生は周りの人々とのやり取りで出来上がってくる。どのような学校で学んできたか、どのような職場で技能を習得してきたか、その間どのような先生の教えを受けてきたか、そしてまた、どのような上司や同僚、友人に恵まれたか。その意味でまず、私の個性が出来上がってきた過程を見直してみたい。

偶然、目の前に現れた多くの人々の網目の中で、私はいろいろなことを学び取ってきた。

運命としか言いようのない出会いであった。私にとっては、この上ない財産である。

私は今八十二歳、日本生まれの日本人であるが、二十六歳から六十二歳までの三十六年近くを米国で過ごした。また国籍を、日本↓米国↓日本と変えた。日米両国での人との付き合い方、子育てなど、ふだんはあまり他人には話していない日常茶飯事を文字に残そうと思った。何だ、この程度ならオレにもできると思ってほしい。そのための凡人の自分史である。

また、自分史というと、能動的な精神活動の結果として、学術研究や芸術活動が扱われることが多い。だが実は、受動的な意味で、異常な健康状態、すなわち病み煩いにどう対処してきたかということも、また重要であろう。その意味で、ここでは私が持病とどのように向き合ってきたかということもお話しすることにした。

さらに、病気になる前に健康状態を確認するための工夫、主に使っている測定器、時計、メガネなどの紹介もしよう。

読みながら、一つ考えていただきたいことは、人生にとって節目になる出来事、例えば、学校や職業の選択・結婚・子育て・終活などで自分なりの工夫をし、また哲学を確立する努力である。言い換えると、一貫した生き方の模索である。自分ならどうするかと考えながらお読みになっていただきたい。

選択が必要になって結論を出す時、自信を持って前進する気構えで生きようではないか。

目次

まえがき　2

第一章　四十期と孔子の「論語」　13
四十期《しじゅうき》で見る私の人生　13
孔子の論語と比べて、私の人生は……　18

第二章　人生の変わり目　20
留学（二十六歳）：日本から米国へ　20
転職（四十二歳）：大学から企業へ　22

転職（五十歳）：大企業からベンチャーへ　24
社内異動（五十六歳）：技術部からマーケッティング部へ　26
帰国（六十二歳）：米国から日本へ　28
最初のつまづき　30
滑り止めということ　32

第三章　病気との付き合い方　34

大腸癌発見　34
入院―手術　38
手術後―医者との面談　44
ホリスティック医療　49
睡眠時無呼吸症（六十四歳）　52
不整脈―心房細動（五十二歳）　54

痛風（三十四歳）　56
転倒（六十四歳―七十七歳）　58
健康管理の工夫　61

第四章　家庭作り　68

結婚しよう　68
家族計画　72
子どもの名付け　74
子育ての哲学　75
専業母親という人生観　78
英語？　日本語？　80
小学校入学　81
教育パパ　90

サマーキャンプ　94
サプライズ　二つ　98
巣立ち　101

第五章　恩師　103

都城秋穂先生―不慮の事故　103
最後のお手紙　105
わたくしの宝物『地球科学の歴史と現状』　107
都城詣　109
中村純二先生　110
竹内慶夫先生　114
バーナム先生　118
伊藤貞市先生とバーガー先生　120

李先生　124
魚地伸子先生　128
イヒョンス先生　130
マーシャル先生　132

第六章　昔の友達との再会　135

「あなたは親不孝な息子よ」　136
「ご主人の名前はひょっとして……」　139
「だって、トイレがないかもしれないから」　142
「X子で～す」　147
「もう、会いたくないの」　150
「みんなおおきくなったね」　152
「楽しい三角関係」　153

「おっ、半世紀ぶりだね」 155
「人生ってどうだった？」 156

第七章　ところ変われば 160

在留許可 160
米国籍と日本国籍の間で 161
動機書 164
クビの切られ方 168
職探し―ヘッドハンターのこと 171
決定論と独創性 172

第八章　縁を紡ぐ 177

一人修学旅行 177

語り合うことの大切さ　180
縁をつなぐ工夫　184
LinkedIn　186
日本語修行　186

あとがき　190

第一章　四十期と孔子の「論語」

人生は決して平坦ではない。小さい「山あり谷あり」の繰り返しに加えて、大きな流れのような「うねり」をも感じる。昔の人はよく言ったものだと感心するが、インドのバラモン教やヒンズー教には、人生を四つの時期に分けて「四十期」という考えがあるという。ある範囲の期間である四十期に対して、孔子の「論語」には、通過地点として、十年ごとに「吾十有五《われじゅうゆうご》にして学に志す、三十にして立つ、四十にして惑わず、五十にして天命を知る、六十にして耳順《みみしたが》う、七十にして心の欲する所に従えども、矩《のり》を踰《こ》えず」という言葉があったと弟子たちは記す。自分の場合、本当にそうだろうか。

この二つの捉え方に沿って、まず私の人生をお話ししよう。

四十期《しじゅうき》で見る私の人生

学生期《がくしょうき》――私の場合、三十歳くらいまで。学習・修行の時期である。私は生まれてまもなく父を戦争で失ったので、父のことは全く知らない。知らないのでなおさら、憧れに似た気持ちを持ち続けていた。父はロスアンゼルスで育った。学生期を通じて、父の育った国である米国へ留学することが私の目標であった。

日本で学士号と修士号を取ってからアメリカに留学する。ボストン郊外の大学で博士号を取って、ワシントンDCにある研究所で、初めはポストドクトラルフェロー、その後研究員として四年過ごす。これで私の学生期は終わる。

家住期《かじゅうき》——私の場合、三十歳から六十歳くらいまで就職・結婚・家庭作り・育児の時期である。学生期から家住期への過渡期、二十八歳で私は学生結婚をした。卒業後、ポスドク時代を過ごす。やがて子どもが生まれ、三十五歳で教員として就職した先はフィラデルフィアにある大学だった。准教授で八年近く教えた後、四十二歳でダラスにある大きな会社の中央研究所に転職。そこに、八年。その後、五十歳で今度はボストンの小さなベンチャー企業に転職。社員が数万人から、百人ちょっとの会社と職場環境は大転換。このベンチャー企業は、工科大学の講師と大学院生二人で始めた画像認識の会社であった。

ここで働くこと十二年。定年退職して日本に戻ったのが、六十二歳の時であった。

林住期《りんじゅうき》――　私の場合、六十から七十歳くらいまで　世俗を離れ迷いが晴れ、自分らしく自由に、人間らしく生きる時期となる。二十代半ばから六十代初めまで、アメリカで過ごした後、三十六年ぶりで生まれた国に戻り、新しい生活を始める。

この時期で心がけたことが二つあった。まず、錆びついてしまった日本語力、特に書くことを練習すること。雑誌に連載をして編集部の人に見てもらった。また、旅行記やエッセイ風のものを書き、自分で印刷・製本した冊子を友達や知人に差し上げた。

もう一つ新しく始めたことは、それまで全く経験のなかった趣味を試してみて、自分の〝殻〟を破ること。男のくせにダンスなどと無視していたボールルームダンス。そして、絵心など全くなかったが、バードカービング（鳥の木彫）・ウッドカービング（木の焼き絵）・鉛筆画など。全く新しい毎日になった。

仕事で常勤はなかったが、社外取締役や技術顧問などで数社を支援する。

遊行期《ゆぎょうき》――私の場合、七十歳以降

ものの本には「人生の終焉に向けて準備、この世に対する執念をなくし、巡礼を通して死ぬ場所や悟りを求める時期」とある。さらに、「居住地すら捨てて物乞いとして遊行」とまで書いてある。古稀を迎えるにあたり、生まれ育ち、また老後帰国してから過ごした杉並の実家を解体、整地して売却。東京の西部、多摩ニュータウンの豊ヶ丘という地区にあるマンションを購入して、転居。

マンションではそれまでのように、庭・屋根・外塀などの修理や維持を自分でしなくていいので、時間とさらに気持ちの余裕ができた。しかし、思い切って生活を変える。これまで、あんなに楽しんでいた趣味を全部やめたのである。ちょうど、大腸癌が見つかって手術をしたというきっかけもあったのだが、自分の気持ちを一新するためにそうしたのである。それまで指導してくださった方々には、感謝感謝である。しかし、私自身はもう少し違った人生を「設計」したい!

何を始めたのか? 対象は自分というよりも、コミュニティになった。住んでいる地域のことを考えて、自分を含めて住民が住みやすいところにするのが目標である。まず、自分の住んでいるマンションの管理組合の理事になり、間をおいて今度は理事長になり、雨漏りや修繕のことで管理会社と交渉などもした。マンションの屋根に上ったのも、この時が初めて。

さらに、タイミングよくというか悪くというか、地域の社会公共施設（図書館・児童館・学童クラブ・老人福祉館・地区市民ホールが入っている施設）を経費削減のため閉鎖すると、多摩市が発表したのである。地元住民に呼びかけて、「豊ヶ丘複合館存続の会」なるものを立ちあげ、署名を集めて市議会に対して、存続してほしいという陳情をした。図らずも、その会の会長になってしまって私の遊行期はさすらい歩くというより、市役所へ交渉に出かけることが多くなった。その陳情は採択され、施設は一応存続となったが、どのようにするかは十年経った今でも協議中で確定していない。

そして、さらに数年後「豊ヶ丘図書館友の会」という、地域住民の親睦が目的の交流団体を作る。これの会長にもなって、読書会・講演会、それに、ニュースレターの作成などで忙しくしている。忙しいといっても、義務でやっているのではなく楽しんでいるのだから、人に愚痴をこぼすことはない。

孔子の論語と比べて、私の人生は……

「四十にして、惑わず」とはならず……　私のこれまでの人生の半ば四十歳過ぎに、大変化があった。それまで、自分の究極の目標と信じていた「研究・教育の大学」から「民間の会社」に転職することになった。「学究の徒」から、一介のサラリーマンになったわけだ。したがって、孔子の言うように「四十にして、惑わず」とはならず、大いに惑ったのである。なぜそうなったかは後で詳しく述べる。

「五十にして天命を知る」ともならず……　波乱含みの私の人生は、五十歳になっても治ることなく、揺れに揺れる。イラクがクウェートに侵攻したことで起こった第三次オイルショックの影響で、原油価格は暴落。それまで勤めていた石油ガス会社の人員整理で失職。五十にして就職活動である。見つかったのは、ボストンのベンチャー企業。テキサスはダラスからボストンまで、三千キロ近く、人間は息子・娘・妻・私、加えて猫一匹・犬二匹を連れて車三台で移動する。この会社に十二年勤務。

「六十にして耳順《みみしたが》う」となったか？　耳順うとは他人の言葉が素直にわかるという意味だそうである。還暦で退職しようという計画は少し遅れ、実際には六十二歳で日本に帰国。

久しぶりで、生まれ育った杉並は永福町の家に住み始める。それまでとはだいぶ違う環境で、いろいろな人と付き合いながら、一人で突き進むというよりみんなでワイワイ喋りながら、ゆっくり歩くという生活になった。

「七十にして心の欲する所に従えども、矩《のり》を踰《こ》えず」とはなる。古稀を前にして、杉並の一軒家から多摩ニュータウンのマンションに住み替える。多摩ニュータウンは、東京都西南部の多摩丘陵に位置する地域で、新たに開発され１９７０年代から入居が始まった。私はここが終の住処のつもりである。自分のやりたいことをしても、節度は超えないという気持ちには近付いていている。

孔子はその先は考えていなかったようだ。八十にして……、九十にして……、そして、百歳にしては？

第二章　人生の変わり目

これまでの自分の人生を振り返ってみると、いくつか文字通り画期的な出来事があった。それらの背景と、重要な役割を果たしてくれたのは誰か、最後にどのような結果になったのかをまとめてみよう。

留学（二十六歳）：日本から米国へ

小さい頃からいつかはアメリカへ行くと決めていた。高校を卒業したら留学したいという思いもあったが、進む方向を決めてからがいいだろうと忠告され、日本の大学に入り学士号・修士号を取る。続けて、日本で博士号を取らないで、アメリカに行った理由は学科の構造のためだった。

旧制の大学はドイツ式の「講座制」を取っていることが多く、比較的新しい大学ではアメリカ式の「学科目制」を取っているところが多かった。研究を主な目的にする組織として、講座制では一つの講座に、教授・助教授・助手が割り当てられて、教授をトップの三角形の構造である。一方、学科目制は教育を目的として、教科目ごとに一人の教授ないしは助教授が配置されるという、それぞれ独立の平坦型の仕組み。

講座制は予算の割り当てという経済的な権限だけでなく、研究者の研究の自由度にも関係してくる。私は決心した。東大は修士号までにして博士号はアメリカで取って、他人から与えられたテーマではなく、本当に自分が興味を持った仕事をすることにしようと。

教室主任の教授は大反対だったが、幸い直接の指導教官だった助教授の竹内慶夫先生は私の気持ちを理解してくださって、ハーバードへの道をつけてくださった。経済的には、ロスアンゼルスの日系二世である父方の叔母に支援してもらった。また、以前同じ家族として生活したこともある母方の叔父が、国連職員として、ニューヨークにいたのでいろいろ相談にのってもらった。このような人の助けで、私の留学は実現したのだ。

1968年の三月に東大で修士号を取ってすぐ、四月に渡米。ロスアンゼルスの英語学校にゆき、夏にニューヨークの叔父のところを経由して、ボストンの隣町ケンブリッジに移動。九月からハーバード大学大学院のバーナムCharles W. Burnham（1933–2021）先生の結晶学研究室で実験を始めた。東大と違って、ハーバードは完全に学科目制で、どの教授・助教授も同等で独立していた。四年間本当に集中して勉強できたので、この留学は大成功。

転職（四十二歳）：大学から企業へ

大学で教えるようになって七年ほどして、私はいくつかの理由で、このままでいいか迷うようになった。まず、自分の将来の研究について、結晶構造解析はだんだん自動化され、研究者の能力に寄らなくなるのではないかという懸念。今でいうＡＩ（人工知能）ではないが、計算機に答えを出させる直接法という新しい方法が使われだしていた。私自身は、これから先は研究意欲が低下して、論文の数も減り、研究者としての評価は下がるのではないかと悲観的になる。

別の理由は、大学が財源の重点を基礎科学から応用分野へ移行して、地学科の縮小を提案したことにある。終身雇用資格（テニュア）取得が難しいかもしれない。子どもは三人、小学四年生、二年生、幼稚園生。大学からの報酬で十分な教育を受けさせることができるか疑問。

この懸念を解決して、次の人生へ進むきっかけを作ってくれたのは、この学科の卒業生パステルナークEric Pasternackだった。私は教えたことはないが、六、七年前に私が赴任した年に彼が出した博士論文の副査をしたので知っていた。彼は石油会社の中央研究所に入り、出世して管理職に就いていた。私の懸念を理解してくれて、自分のグループに来ないかと誘ってくれた。転職を決意する。パステルナークとは、つい先日もメールの交換をした。彼は、今、自分の会社を作って、現役で活躍している。

実は、この転職に先立つこと三、四年、新しいことを始めていた。自分の研究室にマイクロコンピュータシステムを作った。1970年代の末、ちょうどマイクロソフトが生まれた頃である。インテルの8080とかザイログのZ80の8ビットのマイクロプロセッサーが出てきたので、個人でもシステムを構築することができるようになった。このような新しい技術の黎明期に居合わせたことは、誠に幸運であった。S100という規格のプリント基板で、演算・モニター表示・フロッピーディスク読み書き・プロッターコントロールなど、いろいろ組み合わせて一つのシステムを構築した。オペレーティング・システムは、デジタルリサーチのCP／Mというのを使った。まだ、IBM－PCやマイクロソフトのMS－DOSなどができる前のことだった。

この経験は、石油会社の研究所に入ってから、さらに大きいディジタル・イクイップメントの16－ビットのシステムのPDP／11や、32－ビットのVAXを使って、石油ボアホールの超音波画像解析システムの構築をするのに大変役立った。マイクロコンピュータの経験がなかったら難しかっただろう。

転職の結果は技術的だけでなく、個人生活の面でも大成功。給料は2倍になり、自社株の購入などの特典でだいぶ利益が出た。6LDKのテキサスサイズの家を購入でき、子どもたちにもいい教育を受けさせることができた。

転職（五十歳）：大企業からベンチャーへ

世の中は変わるものである。1980年代末の原油価格暴落で、五十歳になる直前だったが会社がリストラムードになってきた。研究所などは真っ先に対象になり、研究所長も私の属していた課の課長も辞職。人員整理が始まる。私の関心は、社内のためのシステムよりも、商品として外に売れるものを作ることに変わってきた。石油産業の将来に見切りをつける。

人員整理で失職。就職活動開始。知っている限りの知人に、只今求職活動中と伝えた。以前、画像認識のセミナーや学会で、名刺交換した程度の人にも履歴書を送った。回り回って、それが一人のヘッドハンター（人材スカウト）の目に止まる。日本や韓国・中国の技術者専門の人材発掘が専門だった。ベンチャー企業への就職活動成功。

百人ちょっとの小さな会社だったが、石油会社の時の年俸と同額出してくれたし、ストックオプションで自社株を購入する特典もつけてくれる。何よりも、半導体素子製造装置のための画像処理ソフトの開発チームが楽しい。そして、日本の支社や大口顧客訪問で日本出張もあった。

これに先立って、石油会社時代にしたことで、この転職に役に立ったことをお話ししよう。当時は、転職のことなど考えていなかったが、後から思うと私の関心の方向はどんどん変わっていたようだ。

石油会社の中央研究所では、勤務時間も事務職員は別だが、我々研究者には特に決まりはなかった。会社が奨励していたので、近くのテキサス州立大学ダラス分校の大学院の夜学コースをいくつかとった。単位を取ると、会社が授業料を出すという恩典も享受した。学習範囲はオペレーションズ・リサーチや線形計画法など。

また、会社は外部の技術講習会に参加することも奨励していて、数日の出張扱いで画像認識や画像処理などの勉強もだいぶした。このことが、ベンチャー企業に行ってから役立った。

社内異動（五十六歳）：技術部からマーケッティング部へ

六年ほど、技術部門でソフトウエアの開発に携わるが、関心が新製品や販売企画・大口顧客開発に移っていく。私が入社した時の筆頭副社長シュナイダー Dick Snyder はすでに引退していたが、ランチに誘い出して相談。私のいる技術部門の部長マッツ Marilyn Matz に相談することを勧められる。マッツは、以前シュナイダーの部下だったので、彼から相談するように言われたと断ってから、私は殺し文句を述べた。「私が一行プログラムを書くより顧客宛の一通のメール・一回の電話の方が会社にとっては価値があるのではないでしょうか」

マッツは、すぐマーケッティング部門の部長のテスタJustin Testaに電話をしてくれて、私の異動は成立した。マーケッティング部には営業部門出身の人は多かったが、技術部門出身はほとんどいなかったので、部長のテスタは私を歓迎してくれたのであろう。

シュナイダー、マッツ、テスタの三人は、この会社で、私を育ててくれた恩人であった。三十年経った今でも、まだメールの交換をしている。その後引退するまでの六年ほど、マーケッティングマネージャとして、新製品企画・顧客との共同開発・営業部員のトレーニングなど、充実した時間を過ごす。日本への出張も年に三回ほどになっていた。

こういうことを言うと自信過剰だと言われそうだが、自分がその会社に就職できたこととその会社が自分を採用できたことの価値を比較すると、トントンよりやや会社が得をした方だったかなと感じている。自分の職歴の中で十二年間も働いたのは、この会社だけである。会社の成長に寄与できたと感じている。会社の方もそれに見合うだけのことをしてくれたので、大いに満足。社長賞を五回(個人賞二回、チーム賞三回)もらったし、それ以外の年は部長賞を何度かもらった。特許も、三つか四つ申請して認められた。

振り返ってみると、もしも石油会社の研究所にずっといたら平穏ではあったかもしれないが、これだけの手応えのある充足感は得られなかったと思う。もう一つ重要なことは、私自身もこの十二年間で、単に技術開発だけではなく、製品として市場で成長していくためには、どのようなことを考え、誰と協力していくべきかという技術経営の勉強をさせてもらった。日本に帰国してから活用した。

帰国（六十二歳）：米国から日本へ

還暦で引退を考える。辞職のタイミングを上司と相談。会社が特別な規則を作ってくれて、私は会社を辞めても、一年間だけ無給での在職扱いになり、その間ストックオプションの行使が可能になるように配慮してくれた。また、残っていた有給休暇も換金してくれた。優遇に感謝。

実は、引退後の落ち着き先として、初めはカナダやアメリカの他の州などを候補に挙げていたが、日本は入っていなかった。結局、日本になったのは他のところは条件の一つを満たさなかったからだ。その条件というのは、車がなくても快適な生活ができるということとだった。

二十年ほど前になるが、今の日本と同じように、アメリカでも高齢者の交通事故が多く、いつかはやめなければいけないのだったら、この際車なしの生活を考えようと家内と意見が一致していた。本当は、ドライブが好きで暇さえあれば出かけていた自分に、そのような決心ができたというのは一つの驚きだ。

ただ、簡単ではなかった。日本帰国の可能性を考えるため休みをとって、二人でカナダ旅行に出かけた。バンクーバーからトロントまでの大陸横断鉄道の旅である。カナディアンロッキーを観光した後、いよいよ二泊三日汽車に乗りっぱなしの旅。電話もインターネットも新聞もなく、三日間自分のコンパートメントと、二階の展望車を往復するだけ。食事も三食食堂車だった。自分で考えたり妻と話したりしたが、終点のトロントに着く頃には、日本帰国を決心していた。

私が転職した後、元の職場がどうなったかを見ておこう。大学の地質学科は面積も指導体制も半分になっている。石油会社の中央研究所は閉鎖され、やがて石油会社自体が他の石油会社に吸収されて今はない。ベンチャー企業は、どんどん発展してマシンビジョンで世界トップシェアの画像処理の専業メーカーになっている。今でも株を持ち続けているので、その発展の恩恵を受けている。

最初のつまづき

今度はちょっと昔のことを書く。

学校はどんなところに行かれましたかと聞かれて、

「中学高校は、教育大学附属駒場中学高校でした」

「今の筑波大学附属駒場ですね。略して、筑駒という進学校でしょう」

「それから、大学は東京大学理学部地学科鉱物教室でX線結晶学・鉱物学を専攻して、学士号と修士号を取得。そして渡米。ハーバード大学の文理学部地学科で、同じ専門の勉強を続けてPh.D.（博士号）を取りました」

この問答をお聞きになって、どんな印象を持たれるだろうか。自慢のように聞こえるかもしれないが実は、私の人生の予定にはなかったのだが、大学に入るのに浪人したのである。それも、二年浪人したのである。私の人生で初めてのつまづきであった。

高校卒業時、私の将来の展望は外交官だった。それで、法学部に進むべく東京大学文科一類を受験。私自身は、合格したと思っていたのだが、実際には合格者名簿に名前はなかった。東大は落ちた場合、どの程度でダメだったのか教えてくれる。私はAということだったから、次の年に備える。予備校の試験を受けてこっちは合格。

受験勉強をしながら、将来のことを考え直す。役人になって、人との関係で自分の居場所を決めるよりも、もう少し自分自身の能力で生きていくべきだと考え直す。エンジニアを目指すことにする。またもや方向転換だ。しかし、数学の範囲に数学IとIIだけでなくIIIも追加される。高校で授業はとっていたが、受験勉強はしていなかったので勉強する範囲が増えた。今度のターゲットは、理科一類である。そして、次の年も見事に落第。今回は、試験の後で失敗だったという自覚があった。二浪である。もう一年予備校。さすがに、予備校も二年目となると、毎週の模擬試験の成績で、特待生になって授業料が返ってきた。

そして、また将来のことを考える。何かを作るエンジニアより、自然を理解しようとする研究者の方が自分には向いているのではないか。これには、高校で勉強した地学が大いに影響している。地学といっても、地質学だけでなく天文学や海洋学なども含まれる。理学部や農学部が進学先の理科二類を受験することにした。理科二類の方が一類よりも、合格最低点が低いので合格の確率も高くなるだろう。

滑り止めということ

内申書を頼みに、担任の先生のところへ行った。今年は、二期校にも出しておくことを勧められる。私は、それまで他の大学には願書を出したことがなかったのだ。国立大学は、一期と二期の二つに分けられていて、受験日がずれているので2校まで受験することができる。

しかし、私はそもそも、滑り止めという考えが嫌いなのである。これがダメだったらあれという気持ちがあると、第一志望に全力を賭ける気持ちが弱くなるだろう。

例えばの話である。気に入った女性が二人いるとする。どちらにしようか。そうか、まずAに話してみよう。そしてダメだったらBにしよう。というような考え方が、私は嫌いなのだ。それで、もしBになったとしよう。そうすると、私は第二志望でBを選んだのだと一生思うであろう。

Aがダメになった時、改めて状況を考えれば、もう一度Aに再挑戦するか、それともその時点で、私の希望はBだと自分で納得すれば、Bは第二志望ではなく第一志望なのである。ある瞬間には一つだけ追い、二つは追いかけない。それが私の人生観なのだ。

しかし、今回は先生の勧めに沿って、一応二期校にも願書を出すことにする。自分の考えとは少し妥協したことになる。二期校で理学部というと、横浜国立大学・東京学芸大学などがある。だが、ここでもちょっと考える。もし、第一志望の東大に落ちて第二志望の同じ理学系に受かって進むと、後々一つの敗北感のようなものにとらわれるのではないか。それで、全く違う方向を考えた。選んだのは東京外国語大学。自分のいく先の選択を試験の結果という運に賭けたのである。もし、外国語大学になった場合、外国語習得の場としては、東大よりもはるかに優れているだろう。

しかし、今度は東大に合格だったので、二期校は受験しないで済んだ。二年浪人はしたが、私はある意味で初志を貫いたことで、人生に悔いを残さなかった。私のわがままを許してくれた母や家族の支援に感謝している。

この時の経験は、後々挑戦を恐れないという資質になったのではないかと思う。

第三章　病気との付き合い方

人と同じで病気にも出会いがある。突然現れることも、また、中には出会った当時は自覚がなくて、後になって気付くことがあることも共通点かもしれない。人の場合はそっと心の中に、病気の場合はそっと体の中に忍び寄る。そして、大腸癌は忍び込んだ後、突然表に現れたのであった。

大腸癌発見

七十一歳の時、定期検診の便潜血検査が陽性になった。近くの内視鏡検診のできる開業医で調べてもらう。手術のできる大きな病院で精密検査をしてもらった方がいいという話。その場で、大学病院の外科部長に電話をしてくれた。いろいろな検査を受ける。

精密検査の結果を話してくれるという日は、家内にも一緒に行ってもらった。伝聞より直接医者の口から聞いた方が妻も納得いくだろう。医者は開口一番「これは癌です」と言った。立派なとかちゃんとしたとか修飾語がついていたかどうか定かではないが、とにかく全く疑いの余地はないという口調であった。上行結腸癌でリンパの方まで行っているようだから、手術をしないという選択肢はないと言われた。程度は後ではっきりわかったのだが、ステージⅢaだった。

自分でもしばらく考えたが、手術してもらうことに決めた。これだけはっきりした生検組織のグループや癌のステージが判明しているのだから、自分が医者だったらやはり手術を勧めるだろう。ただ、医者の患者への説明はもう少しレベルの高さが求められると感じた。大学病院は治療方針が時刻表のように決まっている傾向があるといわれるが、手術後の治療についても私は納得するまで説明を求め、自分の人生哲学に忠実であろうと決心した。

何よりもまず、自分で状況をよく理解することだ。そこで、外科部長宛に手紙を書いて外科受付に置いてきた。二時間後病院から電話があった。先生が返事を書かれましたので、近くまで来られることがあったらいつでもとのこと。返事の内容は予期していたようなものだったが、それよりもこの対応のよさに感激！　この返事は後で実際に手術で執刀してくれた外科医との遣り取りで役に立つことになる。

私の癌は、盲腸の近く、上行結腸の部分に見つかったので、肛門から一番遠いところになる。手術では、盲腸も含め上行結腸を二十センチほど摘出するということだった。

友人にはあまり知らせなかったが、何人かにはメールを出した。「誕生日は私の方が後輩ですが、切腹の数では先輩ですよ（大手術ではありませんが三回）。好奇心のかたまりのような方ですから、入院中もまた新しい発見や出会いがたくさんあることでしょう。名ばかりぺんふれんどより」というメールが来た。中学から大学院の頃まで福岡と東京の間で、せっせと手紙を交換していた仲。長いつきあいだ。

もう一人、以前妻と二人で遊びに行った九州の離島から上京してきた友達とは、いいタイミングだったので、一緒に展覧会に行って帰りに食事をした。小学生の時の級友。「あたしとダンスするんでしょう。元気で退院して来なきゃダメよ」と言われた。覚えていたか。

「お前も我々の仲間入りだな」と、小・中・高とずっと一緒だった学友。同級生でも、癌はもう老人の通過儀礼の感じだ。入院の前日にカレーパーティをしてくれた。彼と奥さん、お嬢さん、それに我々二人の五人で食卓を囲んでおしゃべり。入院前日としては素晴らしい時間を過ごす。

ダンスの先生には電話やメールでなく、個人レッスンの時に「告白させてください」と切り出した。これまで、何人かのインストラクターに教えてもらったが、私のダンス観を変えたのはこの人。その一年前のことだが、ブルースをしましょうと言い出した。えっ？ ブルースなんて、ふつうスタジオではあまり教えない。私も踊ったことがなかった。

止まっちゃだめ、間違えても続けること。話しながら、続けましょ。あっ、ちょっと、ホールドが崩れたわ。なにより、あらかじめ決まったステップではなく、その時その時に先のことを考えるアドリブなのが新鮮だ。そして、この日もブルースを何曲か踊る。これは、人生に通じるなぁと思う。小さなステップを続けながら、フロアを回っていくのである。曲が続く限り止まることなく。それも、常に次のステップは何にしようと考えながら。

これはまさに、人生そのものだ。命のある限り、止まらないで進んでいかなければならない。いろいろなステップを踏みながら、ところどころでは、コーナーがある。

ダンスが終わって、別れる前にツーショットも撮ってもらった。その後、退院してからだったが、組み立てると舞台のようになるグリーティングカードを送ってくれた。実物は残っていないがアルバムには写真が貼ってある。

入院—手術

外科病棟は一番奥。自分のベッドに案内される。私が今日の担当ですという、感じのいい看護師さんが現れる。入院中、この人に一番多く当たって本当に親切にしてもらった。白衣の天使とはよく言ったもので感謝してもしきれない。手術のアシスタントの若い医者も挨拶に来た。インターンかもしれない。いきなり、アメリカの生活が長かったのですかと聞かれた。私が外科部長に出した手紙を読んだのだろう。その後、ヒゲもじゃの内視鏡専門医もやってきた。入院中毎日の回診を含め、ずっと面倒を見てくれたのは、この医者。この人にも世話になった。

今回の手術は、通常の開腹手術ではなく、小さな穴を数個開けて腹腔鏡という細いカメラ・細長い操作器具（鉗子やはさみ、電気メスなど）を使う。後で外科医に聞いたところによると、腹腔鏡手術では、腹腔内をモニター画面で見ながら、一人が鉗子で腸を持ち上げ、もう一人が他の臓器からはがし、十分自由になったら、中央部分（私の場合はへそのところを四、五センチ切ってあった）から、大腸を外に出す。中央の口には、感染を防止するためと口を広げておくために、輪のようなものがはめてあるということだった。切断・吻合は外でする。縫い合わせは糸でするのではなく、自動吻合器というのがあってバシャンと一発でできるらしい。これは、腹部だったので腹腔鏡手術であるが、胸部の場合（例えば、乳癌）では胸腔鏡手術であり、あるいは脳の場合は神経内視鏡手術といって、原理は同じ。細い鉗子と細い内視鏡を使い、傷が開腹手術より小さいので治癒が早く、また癒着が起こりにくいともいわれる。

手術室には十二時十五分に入った。麻酔が効き始める前の記憶は、外科医と麻酔医とが執刀開始の時間を十二時四十分にしようという会話だった。後で聞いたことだが、切り取った大腸を持って主治医が家内のところに見せに来たという。脂肪がいっぱいついていたわよと言う。写真を撮っておいてもらえばよかった。そして、医者は血はほとんど出なかったので輸血はしませんでしたと自慢げに言ったそうだ。

「起きてください。終わりましたよ」という声で正気に返る。まず、目に飛び込んできたのは、手術室の時計。長針が四十五分あたりを指しているのはわかるが、短針の先が戸棚に隠れて四時か五時か判断できない。ストレッチャーが動きだして、それが四時四十五分であることがわかった。私の意識がなかったのはほぼ四時間、手術時間は三時間半くらいだったのだろう。

【回復過程】 天皇陛下は、手術後本はいつから読めるかと医師に質問されたそうだ。あなただったら、さしづめいつから食べられるようになるかと聞くでしょうねと家内がからかう。本は精神の栄養だから、からだと心の違いだけだが、これはやはり、やんごとなきお方と平民の差であろう。生命の維持という意味では、本はなくとも食物は必須である。

私は実際には質問しなかったが、聞きたそうな顔をしていたのか、医者の方から説明してくれた。血液検査の結果を見ながら、重湯から始めましょう。血液検査で炎症の程度がわかるのだそうだ。術後三日目の夜から重湯が出始める。その後の〝進歩〟は次のようである。

四日目：重湯、五日目：三分粥、六日目：五分粥、七日目：七分粥、八日目以降：全粥。順調である。三分粥をすすりながら、何が三割なのだろうか、米三、水七なのだろうかと考える。お粥はすぐなくなるので、手持ち無沙汰を紛らわすためにインターネットで調べる。

米と水の比率ではなく、次のような全粥と重湯を混合した時の全粥の比率なのだそうだ。例えば、全粥三：重湯七の時が三分粥というわけだ。

全粥とは、米に対し水十五倍程度の割で炊いたもの（因みに、ふつうの米飯は米に対して水1・2程度。新米では水を減らす）。重湯とは、米に対し水十倍程度の割で炊いたものをガーゼなどで漉して、米粒を取り除いたもの。

それ以外の回復過程以下の通り。

二日目：睡眠導入剤を入れてもらう。四日目：背中の痛み止めの管を外す。五日目：点滴の管を外す。五日目：髪を洗ってもらう。六日目：ドレインの管を外す。六日目：三分粥を二度食べた後、柔らかい通じあり。七日目：五分粥を食べた後、形のある通じあり。以後、ほぼ、一日二度の通じあり。快便。

熱も、二回ほど三十七度になったことがあったが、後はずっと三十六度五分前後の平熱で、炎症もなく順調だった。快食、快便、快眠。同室の他の患者に、看護師さんがよくお食事どれくらい召し上がりました？　などと聞いている。やっと半分とか八割ぐらいと答えている。私は、重湯から全粥まで病院で出た食事はすべて、一粒も残さず（重湯では残しようがないが）平らげた。お代わりはないんだよねと聞いて笑われたくらい。

出す方も、重湯を二度食べた後で手術後初めての通じがあった。形こそあるが、まだ、柔らかい。三分粥になったら見事なのが出た。ぷつんぷつんと切れているのではなく、滑らかな流線型になっている。思わず、見て見てとトイレからナースコールをしたい衝動に駆られるくらい素晴らしい。それ以後、退院まで、だいたい日に二度、朝食後と夕食後にきちんとあった。

病人は弱者である。人の情けが身にしみる。丁寧な見舞いの電子メールや手紙をもらうと、ジーンとくる。そんなに親しい仲でもないのに、予期していたよりずっと親切に声を掛けてくれたり、メールくらいくれてもいい関係だと思っていたのに無視されたり、人はわからないものだとつくづく思う。気が弱くなっているから、ふだん何でもないことを敏感に感じる。

そして、中にはわざわざ病院まで見舞いに来てくれた人も、思っていたよりずっと多かった。嬉しい。私自身の友人や知人だけではなく、妻の方の関係の人たちまでもである。もっとも、ふだんから、私は恥ずかしがらず人見知りしないで、妻の友人や知人の集まりに顔を突っ込んで、一緒に話に加わることにしているから、どちらの知り合いかわからなくなることもある。私の友人は男性が多いが、家内の友人は女性が多いので、なおさら元気が出るのだ。私の手術当日も、妻の学校以来の親友が二人一緒に待合室にいてくれたそうで、これも、感謝感謝である。

サンフランシスコに住んでいる長男も、日本に出張の合間に病院へ来てくれて嬉しかった。なかなか退院許可が出ないので、看護師さんに、週末に息子がアメリカに帰国してしまうので、週末前に退院か、ダメなら外泊許可は下りないものかと話してみた。それをちゃんと受け持ちの医者に伝えてくれたらしく、夕方回診の時、その医者が息子さんが帰ってきているのなら、金曜に退院でいいよと言ってくれた。看護師さんに感謝。ものを頼む時は、直接よりもワンクッション置いた方がかえって効果があることもあるという例だ。帰宅して親子三人で祝杯を挙げることができ、息子は日曜に飛び立っていった。

私はこれまで見舞いに行くのが苦手で、あまり行ったことがなかったが、これからはせいぜい、お返しの意味でも出かけることにしよう。私自身が嬉しかったように、相手も気が紛れることだろう。

手術後──医者との面談

患者側から見て、外来面談の望ましい結末は医者の気持ちを損なわないで、自分の希望を受け入れてもらうことだ。成り行き次第では、他の病院に変わる可能性も考えたが、西洋医学的な治療についてはすでに受けた手術も含め、今の病院の体制に不満はない。できたら、検査などは過去の記録も残っているわけだし、同じところで継続したい。私は周到に質問を紙に書き出して医師との面談の準備をした。

第一問は、結腸癌のステージごとの五年生存率について。アメリカの癌協会が発表しているものを見せて、日本も同じ傾向があるかという質問。前回もそうだったが、どうもこの医者は横文字にコンプレックスとまではいかないが、感じやすいという印象を持っていたので、わざわざ英語の文献を探してきた。医者の答えは、日本はもっとずっと成績がいいですよ。一つには手術の技術が優れているからでしょう。これは私が期待していた予想通り。医者に花を持たせ、こちらの思惑通り、相手にちょっと得意気ないいスタートを切らせることができた。俗語で、〝のせる〟という。要するに、相手に警戒心を抱かせないでガードを低くさせるわけである。

医者のこれまでの提案によると、抗癌剤治療は約半年が一区切りである。必要によっては、それをもう半年繰り返す。私は、それぞれの治療法について総経費を計算しておいて、その結果を見せた。

分子標的薬についても聞いてみた。しかし、大腸癌に分子標的薬を使えるのは治癒切除不能な進行・再発の場合で、私の場合のように予防的使用は認められていないということであった。

これで、相手の提案について十分検討したことはわかってもらえたと思うので、今度はこちらの希望を述べる番である。前置きとして、「この紋所が目に入らぬか！」と、水戸黄門の印籠を出すことにした。この医者の上司の外科部長から手術前にもらっていた手紙の一節（下に掲げる）である。

【外科部長への質問】ホームページには、大腸癌ではありませんが癌治療方針のアルゴリズムと題して、流れ図がいくつか掲載されています。こういう場合は、こういう治療法とあらかじめ決まったレールが敷かれているような印象を受けます。患者自身の希望、もっと突き詰めると人生哲学が反映される余地はないのでしょうか。治療法の複数の選択肢について、患者が納得のいくまで主治医の先生にご相談することはできますか。

【外科部長の回答】治療法はご希望があれば、ご本人の選択で行います。しかし、大腸癌はまず、切除、そして、進行していれば、抗癌剤は世界的にも一致した考え方です。治療法のバリエーションはあまりないのです。しかし、ご本人の希望を尊重します。

これを読み上げて、先生も同じお考えですかと聞いた。答えは「そう考えない医者はいませんよ」。それ以外の答えはできないだろう。

次に、用意しておいた質問をした。「先生、おいくつですか」四十八歳ということだった。一気にこちらの考えを述べた。「私も先生のお歳だったら、迷わず、抗癌剤を使っていたことだろうと思います。しかし、七十歳の今、年齢を考えて延命よりもＱＯＬ

（生活の質）を重視した人生哲学を貫くことを希望します。現時点では、抗癌剤を使わないで定期的に検査をお願いしたいと思います」

そして、一時しのぎではなく本気で続けるつもりですよという姿勢を示すため、今後の具体的な検査のスケジュールについての質問をして、次の検査と外来の日にちを決めた。三十分くらいの面談だったが、最後は医者もニコニコ顔だったので、所期の目的を果たせたと、こちらもほっとした。

相手の気持ちを損なわないように、こちらの希望になるべく近い結論に到達することが、交渉の最終目標である。マーケッティング・マネージャとして、社内の他の部門、大口の顧客、下請けの会社などを相手にした経験からすると、やりやすい相手、やりにくい相手がある。謙虚で、気取りのない人には、策が通じない。それに比べ、自信家で、権威を笠に着るタイプは、いろいろ作戦が立てられて与《くみ》し易い。医者や弁護士、企業の上級管理職は後者の範疇に入る人が多い。

そして、真正面から向き合うよりも、むしろ同じ方向を向いて並んで話し、いっそのこと自分の味方に付けてしまうことができれば、さらに上出来。こいつのためなら、一肌脱いでやろうかという気持ちに、いつもさせることができたら世の中渡りやすいのだが……。

病院を出て二人で並んで歩きだした時、妻がしみじみ言った。「そうか、四十年、ああやって、言いくるめられていたというわけか！」ちょっとぉ、人聞き悪いこと言わないでよ。逆に私に言わせると、自分の方がコントロールされていると見せかけて、実はコントロールしているという、さらに上手《うわて》もありではないかと勘ぐっている。狐と狸の化かし合いになるだろうか。でも、まぁ仲良くやっているんだから、いいか。二人とも、来た時よりもほっとした気分で、やや軽い足取りで帰途についた。


【円形脱毛・白斑 ― 新しい問題】大腸癌の手術後、一年ほどして抗癌剤も使っていないのに、円形脱毛と尋常性白斑が起こった。一、二カ月のうちに、髪の毛の大半が抜け、生えてくるのは白髪になった。また、肌が白くなる、いわゆる白なまずになった。

二つの皮膚科で診てもらったが、処方は塗り薬かホルモン剤で、どちらもお断り申し上げた。どうやら、「原因は、自己免疫疾患」ということで、免疫系機能に異常が生じ自分の体の一部分を異物とみなして攻撃してしまうということらしい。

肌はメラニン色素という色素によって、紫外線から肌を防御している。そのメラニン色素を作るメラノサイトに対して抗体がつくられ、メラノサイトが破壊された結果、メラニン色素を生成することができなくなり、肌や髪の毛の色が白く抜けてしまうということらしい。

精神的には問題がないとは言い切れないが、肉体的には特に支障はない。見かけが著しく変わってしまったので、似顔絵の方を更新したくらいで、後は何もしないことにした。

手術後、六年くらいの間は定期検診に行っていたが、再発も転移も兆しがないから、もういいでしょうと言われた。大腸癌は完治と決めることにした。

ホリスティック医療

ホリスティック医療というのをお聞きになったことがあるだろうか。抗癌剤治療を断っただけでなく、本もいろいろ読んだ。草柳大蔵の『草柳大蔵と23人の対話 代替医療でヒトはこう変わる──あきらめる前にためしていいこれだけの方法』（現代書林 2001）という長いタイトルの本がとりわけおもしろかった。

今では医療というと、どうしても、西洋医学を中心とした治療法を思い浮かべる。それだけでは、解決しない問題も多く、西洋医学の利点を生かしながら中国医学やインド医学など各国の伝統医学、心理療法、自然療法などを加えて、ホリスティック（全的）な健康観に立脚し取り組む治療をホリステック医療という。

ホリスティック医学を推奨されている帯津良一先生の合宿セミナーに、家内と一緒に参加してみることにした。正式には、「がん患者のための帯津良一合宿、長野養生塾」という。以前からたくさんの著作や、アメリカにいる頃からしている気功で、存じ上げていた帯津先生にお会いして直にお話を聞くこと、そして、もう一つは他の参加者と、癌という病気の体験を共有し対処の仕方について、考え方を分かち合うことが目的であった。そうすることで、自分の抱える問題や悩みをしっかりと直視し、それらにどのように向き合うべきか自分で結論を出したかったからだ。

場所は長野市から車で三十分くらいの飯綱高原にある「いのちの森水輪《すいりん》」という施設。五万平米（一万五千坪）もある農場が付属している。農薬や化学肥料は無論、抗生物質や遺伝子組み換え植物が入らないように、動物性肥料もいっさい使わない完全無農薬の野菜を育てているという。野菜に加えて、そば・大豆・小麦・とうもろこしなどの穀類、そして別のところで水田による稲作も始めている。

プログラムを見たら、朝十時の朝食と夕方六時の夕食だけの一日二食。それも、養生食という野菜と酵素玄米の菜食である。大丈夫だろうか。空腹に耐えるのも訓練かと悲愴な覚悟で出かけたが、この養生食が素晴らしかった。この養生食に惹かれたせいもあって、五月と八月と二回続けて養生塾に参加した。

二度目の養生塾に行った時、車座交流会Q＆Aのセッションで帯津先生に質問する機会があった。車座交流というのは、帯津先生を囲んで三十人あまりの塾に参加した人たちが、順番に自分の病歴と疑問に思っていることや迷っていることを話して、その後気持ちがすっきりする機会である。一回、三時間くらい続く。

その後、私は池袋の帯津三敬塾クリニックで、定期的に帯津先生に診察していただき、漢方薬とホメオパシーを処方していただいていた。並行して、手術をした病院でも西洋医学的定期検診を受けていた。私の癌と「同行二人」はしばらく続いていたが、やがて両方とも解放された。

睡眠時無呼吸症（六十四歳）

「一時間のうち、十五分くらいは息が止まっていますね」と言われてドキッとしない人はいないだろう。その話をしよう。

いびき・昼間の眠たさ・夜中のたびたびの目覚めなど、どれ一つとっても命に関わるような恐ろしいことではなさそうだ。いびきは、何十年来家内が文句を言っていただけで、最近始まったことではない。寝入りはバタンキューの方だが、年を取るにしたがって朝までぐっすりということは稀で、夜中にたびたび目が覚めるようになった。加齢による自然な変化だと思っていた。

睡眠時無呼吸症は高血圧症や狭心症・心筋梗塞といった循環器の病気など、合併症の原因になると聞くと、ことの重大さに驚く。しかし、それに劣らず、考えなければならないのは、睡眠が不完全なことによる生活全体の質の低下という問題だろう。では、一度診察してもらおうと気軽に出かけた。一泊する検査入院である。

脳波・心電図・呼吸・血液中酸素濃度・眼球運動・体位と、ありとあらゆるバイタルサインをモニターされた。

後日、検査の結果を聞きに行く。「無呼吸が起こったのは、平均一時間当たり三十回。一回平均三十秒最高六十秒。ということは、単純計算ですが一時間のうち十五分くらい呼吸をしていない時間があるということになりますね。立派な睡眠時無呼吸症です。正常は一時間当たり五回以下ですから」

気道閉塞の原因は大きく分けて二つあって、一つは気道自身が閉じてしまうケース、もう一つは呼吸中枢機能に欠陥があるケースだという。企業でいうと現場に問題があるのか、本社に問題があるかの違いだ。無呼吸症候群の場合は、現場である気道の問題が圧倒的に多い。軽症の場合はマウスピースをして寝ることで、下あごをずらし気道の部分の空間を広げて閉じにくいようにできる。

私の場合はかなり重症なので、もう少し根本的に鼻マスクをして、圧力をかけた空気を送り込み、気道を閉じないようにする方法がいいと言われた。シーパップCPAP(Continuous Positive Airway Pressure 持続気道内陽圧療法)といわれる治療法で、かなり大仕掛けな器具がいる。鼻全体をマスクで覆い、圧力をかけた空気を送り出すポンプに太いホースでつながっている。酸素吸入器ほどは大きくないが、ポンプの部分が相当な大きさである。

不整脈―心房細動（五十二歳）

五十歳を過ぎてからだが、会社の定期検診で血圧が少し高いと言われた。ある時、血圧はふつうの値だが、脈拍が異常に低く出た。この血圧計壊れちゃったのかなと指を静脈に当てて脈を取り始めた。そうすると、欠けるのである。「ト、ト、ト、○、ト、○」というように、○のところで跳んでしまう。道理で脈拍数が少なかったのだ。

さっそく、かかりつけの医者の所に行って心電図検査をしてもらう。そうすると、欠けたと思っていた部分は、実際は小さい振動がたくさん起こり、高さが低いので全体的に見ると脈がないように見える。どちらかというと頻脈である。心臓の専門医に診てもらう。

紹介してもらった専門医は、ハーバード医学部教授の白髪の循環器科の医師で、その町の病院に、自分の診療室を持っていた。見かけではその時もう六十代の後半だったと思う。一時間以上かけて、診察だけでなく両親のこと生活習慣のことなど、いろいろなことを聞かれた。その医者が掛かり付けの医者に書いた報告書は、初診の時は、シングルスペースでタイプしたもの便箋三枚、二度目の診察の時は、二枚。ここに、アメリカの医師の良心を見る。診察の結果や問診の内容について、実に丁寧に記述してある。そして、所見・診断・治療などが続く。

心房細動は発作性・持続性・永続性（慢性）に分類される。起こっても、比較的短期間で収まるので、私のは発作性心房細動である。七日以上続くと、持続性というのだそうだ。昔は自覚症状もなかったが、今は感じることもある。心房細動と診断されて以来、βブロッカー製剤（一般名、アテノロール、製品名例、テノーミン）をずっと服用している。心臓にある交感神経のβ受容体を遮断するので、心臓の拍動が抑えられ、不整脈（頻脈）を修正するのに効果があると説明を受けた。同時に血圧が下がって高血圧症にも効く。

抗不整脈の薬、サンリズム（総称名。一般名はピルシカイニド塩酸塩水和物）も服用している。この薬には心臓の刺激伝導系の異常な電気の流れをしずめる働きがある。不整脈は自覚があることもあるが、感じないことも多いので、起床後と就寝前に心電計で客観的な記録を取り、心電図は次回検診の時持参して診ていただく。

心房細動で怖いのは、［心房細動→血栓の生成→脳梗塞・心筋梗塞］という連鎖反応だ。

血栓ができにくくする抗凝固薬を、数年前から服用している。有名なのは、ワルファリン（warfarin，商品名はワーファリン）だが、納豆や青汁（ビタミンKの多い食品）との食べ合わせの問題や面倒な投与量の調整、さらに二、三日という長い半減期（服用停止後、効果がなくなるまでの時間の目安）を考え、私はこの薬は断った。半減期が長いと出血の恐れがあるので、すぐに手術などができない。

初め服用していたのは、抗凝固薬・リバーロキサバン（商品名、イグザレルト）。半減期は短く、九～十三時間。その後、下血したことがあったので、別の新薬・抗凝固薬ピキサバン（商品名、エリキュース）消失半減期は六～八時間に変えた。共に、２０１２年承認の新しい抗凝固薬。難点は新薬で、後発薬がないので薬価が高い。

痛風（三十四歳）

ある時、足の拇指の付け根が腫れて熱を持つようになった。冷やしてもたいしてよくならない。それでも、一週間か十日したら、どうにか腫れも引いて歩けるようになった。その後も同じように腫れることがあった。

数年後、また足の拇指が腫れたので大学病院に行く。これは、痛風のようだから専門の医者にというわけで出かける。腫れた拇指に注射針を突き刺し（痛かった！）、体液をとってそれを偏光顕微鏡で見せてくれた。針状の尿酸の結晶である。

偏光顕微鏡は、大学時代数年間、岩石の中の鉱物の同定に毎日のように使っていたのでなつかしい。ステージを回転すると結晶の色が変化する。多色性といわれる結晶の性質である。へぇ、尿酸の結晶は、多色性を呈するのかと感激。まさか、自分の体の中にこんな針のような結晶ができていると知らなかった。ちくちく神経を刺激して痛いはずだ。風が吹いても痛いので、痛風とはよく言ったもの。

痛風は、血液中の尿酸の量が過剰になりそれが結晶として関節に沈積して炎症を起こす。女性は少なく、圧倒的に男性に多い病気。高尿酸血症の原因には、尿酸産生過剰によるものか、尿酸排泄能力低下によるものか二つのタイプがある。要するに、尿酸生産過剰の場合は尿酸生産抑制剤を、尿酸排泄能力低下である場合は尿酸排泄促進剤を服用することになる。私の場合は前者であった。以来五十年近く、薬を飲み続けている。副作用は、私の場合全くない。

発作は、母危篤の知らせで日本に帰国した時を含めて、数年に一度くらいあったような気がするがこの三十年くらいはない。発作が起こった時のための薬もいつも持っていたが、使わないので、有効期限切れで捨ててしまうことが多い。

転倒（六十四歳―七十七歳）

私は、体の内部からだけでなく外からの問題もある。歩いていての転倒で、前科四犯である。二度は救急車で緊急搬送され、一度は自分でタクシーを呼んで病院に行った。

①六十四歳　歩道内の段差　救急車搬送。顔面と膝損傷。骨異常なし。

②七十三歳　駐車場車止め　自己処理。メガネ破損。鼻血。小指打撲。

③七十四歳　駐車場車止め　救急車搬送。顔面と膝損傷。骨異常なし。

④七十七歳　歩道／車道段差　緊急外来治療。顔面損傷。十針縫う。

私も入っている転倒予防学会の転倒予防川柳の大賞になった作品が雑誌に出ていた。

「つまづいた　むかしは恋で　いま階段」まさにその通りである。

医学療法士の話によると、転んで頭や顔に怪我をするのは男性が多く、女性は手首や腕や肩の骨を折ることが多いという。今の所、他の病気の方は薬などでなんとか抑えているので、一番の課題がこの転倒防止なのだ。なるべく転倒事故を起こさないようにするには、足腰をしっかりしておかねばならない。ウォーキングは、有酸素運動で、体脂肪燃焼や体質改善や生活習慣病予防だけでなく、筋肉を鍛えることで転倒予防にもなる。

ウォーキングについては、一日平均一万歩として雨の日もあるので、月曜から日曜まで一週間の合計で七万歩と目標を定めた。もう、六、七年前だった。その後、目標を週十万歩に引き上げる。半年ほど週十万歩は続いた。

また、事件発生。２０１７年の末、トイレで大量に下血して失血状態になり、緊急入院。輸血と点滴で回復したが、十日間ほど病院のベッドで、〃今後のこと〃を考えた。一度、転倒して入院したりすると、急激に運動能力がなくなる。

前に、『一日一万歩はやめなさい』という衝撃的なタイトルの本を読んではいたが、歩くだけではダメだということをつくづく悟った。この本は一行では収まらない長いタイトルである。

青柳幸利『一日一万歩はやめなさい！ ――15年以上、５０００人を超す調査でわかっ

たスゴイ健康法』（廣済堂健康人新書　2015）
　それで、全く作戦を変えて、今では柔軟体操が中心である。要するに、単に歩行のために足を鍛えるというより、体全体の筋力増強・骨格筋量の増加・体脂肪の減少をはかることだ。高齢者のためのトレーニングセンターに行って、作業療法士のトレーナーとみっちり一時間余りトレーニングをする。「転倒予防歩行体操」・「バランスボール」・「姿勢矯正ヨガ」・「体幹トレーニング」と、異なるクラスに週三回行っている。ヨガなど男は私だけなので、他の人と比べて自分の体は何でこんなに硬いのかと自分でも驚く。随分伸びるようになりましたよと褒めてもらうのをせめてもの救いにしている。
　それに加えて、この三年ほど日曜日の午前中、近くの福祉会館でやっている太極拳のクラスに妻と一緒に参加している。ゆっくりした動きで、体のバランス能力を良くするのに役立っている気がしている。
　それらのおかげか、最近は転んでいない。

健康管理の工夫

健康を維持するためには、なるべく早く体調の異常に気付き最善の対応をすることが必要だ。気付くためには可視化が、対応については継続性が大切となる。それらのことを考えてみよう。

【服薬】 薬を飲むか、飲まないかは本人次第である。漢方薬の総合的な処方に惹かれつつも、もともと理系の人間としては、個々の症状や臓器に対応する西洋医学も捨てがたく感じる。三つのケースがあるだろう。

①処方された薬は、全部、服用する。
②服用するか、しないか、薬ごとに検討する。
③全く無視して、服用しない。

私は真ん中である。服用してみて効果があると感じたもの、また、効果は実感しないが問題に対して、必要でありそうなことが理解できるものなどは服用する。例えば、私は抗凝固剤としてワルファリンを選ばず、高価ではあったが最近認可された新薬を選んだ。

そして、飲むと決めた場合でも、

①キチンと指定された通り服用する努力をする。
②できるだけ服用はするが、忘れたら忘れたで気にしない。
私は前者である。三食後と就寝前、一日四回、今は処方薬とサプリメントを合わせると、日に三十錠近く服用するので、飲み忘れないようにしないといけない。朝・昼・晩・寝る前と、月曜〜日曜で、一週間二十八枠の薬入れを、百円ショップで見つけた。それに、あらかじめ二、三週間分まとめて仕分けておく。
服用を忘れたら、一目瞭然である。飲むタイミングが遅れるということはあるが、全く忘れるということは滅多にない。また、昼など外食の場合は、一回分の小さなケースで持っていく。こちらの方は時々飲み忘れることがあって、帰宅してから慌てて飲んだりする。

【睡眠】 睡眠の方は、どうか。これは、睡眠時無呼吸症があるので一番気を付けている。すでに書いたように、毎晩CPAPを使い、また睡眠計で確認している。
睡眠計としては、AppleWatch を使っている。これのいい点は、すべて自動で就寝前にスイッチを入れ起床後に切るなどということは必要ない。腕につけている間、常時睡眠の記録をとり、昼寝やうたた寝さえも記録している。朝目が覚めると、それをAutoSleepというソフトで読み取ってiPhoneで確認している。AutoSleepでは、さらに脈拍・血中酸素量・周囲の騒音なども睡眠の深さのグラフに重ねて表示できる。

寝ていたか起きていたかというだけではなく、睡眠の深さも確認できる。何時間寝たからいいとか悪いとか単なる収支をいうのではなく、どのような寝方をしていたか改良すべき点はないかというと、やはり睡眠のパターンを見る必要がある。

その結果に基づいて、例えばAutoSleepは次のようなメッセージを出すことがある。「必要な睡眠を下回っています」、「今晩十時間三十九分寝ることで解決できます」、「あなたの今週の平均睡眠効率は八十七％、夜九時までに寝ることを心がけてください」、「毎晩八時間の睡眠を七日続ければ借金を返済できます」など。

一時流行語にもなったが、睡眠負債という言葉がある。睡眠不足が借金のように積み重なって、あらゆる不調を引き起こす原因になることだ。年齢や健康状態で決まる平均必要睡眠時間があるようで、それに対して、その日その日の睡眠時間だけでなく長い目で見た時の睡眠時間の収支ということだ。

【転倒感知】健康であることも重要だが、誰もいないところで転倒して自分で処理できない場合が一番問題である。そのために、私はAppleWatchの転倒警報機能を使っている。体の急激な動きを察知すると、振動で手首を叩いてくれる他、警告音を鳴らす。「転びましたが大丈夫です」という表示を、六十秒以内に自分で押さないと家内に通報し、連絡がつかない場合さらに、GPSがついているので、場所の情報を取得して救急の要請をしてくれる。

【迷子札】外出中に意識を失った場合に備えて、迷子札を作っている。表には、写真の代わりに、似顔絵で私の顔を入れ、氏名・生年月日・主治医や家内の連絡先などの情報が入っている。裏には服用している薬の名称を書いてある。特に、抗凝固剤（いわゆる、血液サラサラの薬）は重要だ。さらに、尊厳死協会のリビングウイルを入れて首からかけておく。リビングウイルは回復の見込みがない時は延命処置はしないでほしいという意思表示だ。この迷子札を首にかけて出かけるはずなのだがよく忘れる。

【体調状態の記録】朝起きると、睡眠とCPAPの確認に加え、体重・体温・血圧・血糖値を測定して記録している。以前は、体脂肪率・心電図も記録していたが今はしていない。

また、一時は就寝前もしていたが今は起床時だけである。変わったことがあると、1カ月ごとの検診の時に医者に見せている。

さらに、特に測定というのではなく、四六時中AppleWatchに記録しているのは、呼吸数、脈拍数、血中酸素飽和量。それに、前回のアップデートで、心電図をとることができるようになった。ただ、正確なグラフというより、心房細動の診断（正常な場合は洞調律の表示）である。将来、血糖値、尿酸値、血圧も時計で測れる計画もあると聞き期待している。

もう一つ、姿勢や、集中力を知るために、ジンズ・ミーム（JINS MEME）というメガネをかけている。中に垂直からのズレを測るセンサーが二つ入っていて、頭の前後と左右への傾きを計測している。これは特に歩行姿勢の矯正に役立つ。また、「瞬き」「視線移動」「姿勢」をデータとして読み取り、集中力として数値化している。

AppleWatchにはGPS（Global Positioning System 全地球測位システム）がついているので、私は、常時有効にして、自分の位置を記録している。例えば、先週の日曜の自分の行動を調べることができる。連動しているiPhoneの地図上に移動経路が表示される。速度から、歩行か乗り物かの区別も出る。これは、デジタル行動録である。

【予防は治療に優る】 具合が悪くなってからでは、手遅れになることが多いので口と目は定期的に予防的な治療や検診をしてもらっている。

まず、目。白内障は治療できるが、緑内障はできないので、半年に一度くらいの間隔で視野検査と眼圧測定をしてもらっている。まだ大丈夫だが緑内障に近くなっているというので、もし発症したら早期に発見して進行を止める治療をしてもらおうと思う。

あと口では歯と喉である。歯の方は二十一本が自分の歯で、かろうじて８０２０（ハチマルニイマル）運動（八十歳で自分の歯二十本以上）を達成している。ただ歯の質はあまり丈夫ではないと言われた。三カ月ごとくらいに、ＰＭＴＣ（Professional Mechanical Tooth Cleaning）で、専門家による徹底した歯石除去・歯面清掃をしてもらっている。

食べ物を口に入れてから飲み込むまでには、「喉の筋肉」・「唾液の量」・「歯の状態」などさまざまな要素が連動しているという。高齢化とともに問題になる誤嚥を予防するために、口腔外科で摂食嚥下機能を維持するための講習を受けた。自宅でも、トレーニングをしている。

［起き抜けの儀式］　快適な目覚めは一日の初めとして大切である。歯を磨いた後、黒麹醪酢（くろこうじもろみす）を盃いっぱい飲む。これで気持ちがはっきりする。そして、それに続いて梅干し生姜茶を飲みながら、手足の関節を曲げたり伸ばしたりする。これで、心身共にはっきりする。

第四章　家庭作り

あなたのこれまでの人生で、一番大きなことは何でしたかと聞かれたら、私は疑いなく米国で家族を作ったことを挙げる。三人の子どもができた。妻と二人で、どのように育てようとしたか、その結果はどうなったかの話をしよう。

結婚しよう

ハーバードに行って二年目、予備資格試験（Preliminary Qualifying Examination）を受けた。これは、専攻した分野とその周辺の基礎的な能力があることを確認して、学位の取得に向けて継続して在学していいという資格試験である。試験は、口頭試問で午前と午後四時間ほどかかる。私の場合は、結晶学・鉱物学・岩石学・地球物理学・地球化学の先生が相手だった。無事合格。

次の計画を考える。結婚である。そして、その二カ月後の夏休みにロスアンゼルスで結婚した。相手は？　現地調達？　産地直送？　相手の名前をローマ字で書くと、インドネシア語で「喜び」、スペイン語で「宝石」に近いので国際結婚だと思った人もいた。実は、私の育った杉並区永福町からの直輸入であった。

結婚届（marriage registration）は、カリフォルニア州に出して結婚登録書（marriage license免許という）をもらった。

テレビのインタビューなどで、よくお二人の出会いはどんなだったのですかなどと質問している。さて、私だったらどう答えようか。冗談で、ボクは妻のことをまだオムツをしている頃から知っていましたということがある。もう二歳くらいだったはずだから、それはウソである。そうすると、幼な友達なんですねと言われることが多い。幼な友達？　響きは悪くないが、事実ではない。

母親同士が親しく、さらに、何を隠そう小学校の同級生の妹。一緒に遊んだこともあっただろうが、ミソッカスで女の子という意識は全くなかった。中学・高校の頃も近所だから見かけることはあっただろうが、思い出はない。その人が、まだ高校生くらいだったろうか、虫垂炎で入院したと聞いた時も私の母は見舞いに行ったが、私は行かなかった。射程距離に入っていたら、この時とばかり当然見舞いに行ったはずだ。

その人が大学に、私が大学院に行く年頃になって、通学途中で会うとしゃべることが多くなった。しかし、当時私の最優先課題は留学して専門の勉強を続けること。あれ少し変だぞと我ながら、自分の感情の変化に気がついたのは１９６８年の初め。御年、二十六歳の時。我ながら、奥手だった。前からずっと周りにいたのに、それまでなにボンヤリしていたのだと言われそうだ。

第一関心事の留学がほぼ確定して、少し心の余裕ができたのだろうか。生まれて初めて、自分の気持ちをすぐ相手に伝えたが、問題はその年の四月にアメリカに留学することが決まっていたことである。そして、三カ月後地球の反対側に離れ離れになる運命だった。

当時は、電子メールなどないし、電話はあったが直接ダイヤルではなくて交換台を呼び出して、つないでもらうという代物。それに、国際電話は料金が高くて貧乏学生では払いきれない。唯一の頼りは郵便だった。そこから私の努力は始まる。

私は一本勝負が苦手だ。要するに決め手になる一発がないのである。そのため一度で決めるのではなく合わせ技や小技をかけ続けることにしている。その小技の一つが、手紙。

手紙の書き方にはコツがある。私的な手紙は、公的な報告や要請とは反対に本当に書きたいことはあまり直接書かずに雰囲気で伝えること。したがって、どうしても長くなりがちだ。日本とアメリカに、離れ離れになってしまった相手にも手紙を書きに書いた。

小さい便箋ではなくアメリカで報告書の標準であるレターサイズ（ほぼ、A4判の大きさ）にレポートのように書いた。複写機などというものは手近にはなかったから、カーボン紙をいれてコピーをとる。そうしないと、書いたか書いていないかどの程度書いたか、正確なところを覚えていない。同じ事を繰り返したり、逆に話が飛んだりしないようにするためである。

ほとんど毎日、日記のように書いて週一回投函するというのが二年間続いた。自分の母親や家内の母親、それに身元引受人になってくれた叔母にも定期的に書いていたので、あの頃は勉強もしたが手紙もよく書いた。手元に残っている複写の記録では、1969年の二月から十六カ月で三百枚以上書いている。初めの十カ月ほどの記録は見つからなかった。

太平洋を渡って届いた手紙の方は、妻が保存していたので今も全部ある。日米と離れていた二十六カ月に、私は百五十通以上の手紙を出していたことがわかる。

家族計画

結婚する直前、家族計画のことを考え近くの薬局に行った。今でこそ、店頭に何気なくぶら下がっているし自動販売機でも買えるようだが、当時はカウンターの後ろにあって頼まないと出してもらえなかった。

私の英語を聞き取れなかったのか、女性店員はWhat's for? 何に使うの? とのたまう。今だったら、それ以外にどんな使い方があるの? と聞き返せるかもしれないが若かった私は絶句。私のsheathのthの発音が悪かったのだろう。幸い隣にいた男性の店員が聞き取っていて売ってくれる。

本格的な家族計画には、受動的な意味でも能動的な意味でも基礎体温を使った。他に、尿で調べる排卵日予測検査薬などというものがあるそうだが、当時我々は知らなかった。妻は基礎体温を毎朝きちんと測っていたし、狂うことはほとんどなく大変安定していた。基礎体温の変化で、低温期から高温期にかわる時に排卵があることが推測できる。卵子の寿命は、せいぜい一日、精子の寿命は三日ほど。そのタイミングを知ることから始まる。

大学院の間は子どもは作らない。それで、学位を取ってポストドクトラルフェローとして就職してすぐ一人目を計画した。

　チャートの効果で、ピッタリ予定通りに生まれた。年子は親も子も大変だしあまり間が空くと、これまた問題がある。それで、第二子は二年離して計画。これまた、ピッタリ。第三子はもう少し離してと二年半違いになる。

　産むのは春か初夏。そうすれば、冬までにある程度育っている。計画通り、長男は五月初めに、そして二年ほど間をおいて、次男は四月末に生まれた。その後大学に移って三人目を計画。二人育てた自信からもう季節なんか気にしないと、二年半空いてしまったが、十二月に娘ができた。

　生まれた年でいうと、我が家の三人の子どもたちは二年違いである。

　あなた、やっぱり理系ですねと言われるかもしれないが、どうせ子どもを作るのだったらなるべく若いうちにきちんと計画を立ててからがいい。妻が三十代の初めには、子育ての目処をつけておきたい。子どもが生まれたら、それから後少なくとも二十年の生き方の責任が生じてしまうわけだから。しかし、その後四人目は大学の准教授の給料では経済的にも無理だったわけだ。経済的環境が家族の形に影響する例である。

二年違いだったら、大学に進学しても二人在学はある。長男の卒業の後、四つ違いの娘が、入れ替わりに入学と計算していた。しかし、実際には計算違いが起こった。長男が、六年大学に在学したのである。それで、三人同時に大学生ということが二年あった。しかし、これは長男が建築と建築工学の二つの学部にわたるプログラムで学士号を取るためという、とてもいいことの結果だった。

引っ越しをしていたので、出生届を出したのは、長男はワシントンDC、次男はバージニア州、そして、長女はペンシルベニア州とそれぞれであった。

子どもの名付け

どの親も子どもの名前をつけるに苦労するだろうが、特に外国で暮らすことを考えるとあまり凝った名前はつけられない。

同じアジア人でも中国人などは、ジョンだのアンだのよくある英語名をつけることが多い。子どもだけでなく、自分にも英語名をつける人も多い。日本人には後から英語名をつける人は少ない。

初めの子どもが生まれた時、だれかに頼むのではなく、親が二人で話し合って短い日本名をつけることにした。私の名前は四音節しかないのに、アメリカ人は覚えられなくて、初めの二音節で呼ばれていた。それで、長男には結晶学の「晶」をとってアキラではなく短くアキと読ませた。そして、次男が生まれた時は、幾何学の「幾」でイクとした。

私の先輩で、子どもの名前を「ひ、ふ、み、よ…」の順番につけた人がいる。例えば、ヒサコ、フサオ、ミヨコ、ヨシオ（すべて仮名である）のように。その先輩から、お宅は、アキ、イクときて、アイウエオ、カキクケコで、次は、ウケですかと言われた。いくらなんでも、ウケは受けられない。

三人目は女の子で、クリスマス直前の生まれだったので「雪」にした。

子育ての哲学

もちろん、小児科医をはじめプロフェッショナルの支援は受けたが、日本にいたら当然のことと思われるような育児の常識も我々は本から学んだ。よく読んだのは松田道雄（1908–1998）の育児書だ。『育児の百科』（岩波書店 初版1967年）。大判でしっかりした製本だったがボロボロになるまで読み込んだ。今は年齢別で三巻の文庫本になっている。英語では、スポック博士（1903–1998）の育児書。"The Common Sense Book of Baby and Child Care"（初版は１９４６年）を参考にしていた。

雑誌では、『母の友』（福音館）・『婦人之友』（婦人之友社）。子どもたちが、ちょっと大きくなってからは、『こどものとも』（福音館）。

松田先生の本は育児だけではなく、『恋愛なんかやめておけ』（筑摩書房　１９７０）・『我らいかに死すべきか』（暮しの手帖社　１９７１）・『私は女性にしか期待しない』（岩波新書　１９９０）など他の本でも大いに共感するところがあって愛読した。

自分の子育てが終わってからだが、毛利子来（もうりたねき、1929–2017）の書いたもので特に、雑誌『小さい・おおきい・よわい・つよい』（ジャパンマシニスト社）により強く共感した。毛利さんの哲学は、松田先生ほど厳格でなく、もう少し、人間くささがあって、私の性格のいい加減さに近いのかもしれない。子育てとは、結局子どもの問題というより親の心構えの訓練なのだ。

父親の私にとって幸いだったことは、三人とも母乳で夜中にミルク作りのために起こされた記憶はない。その代わり、オムツの洗濯は主として私の役。使い捨ての紙製は使いたくなかったので、繰り返し使える木綿のものにした。粗《アラ》ゆすぎして漂白剤の入った桶に入れておき一週間まとめて洗濯する。末の娘の時は、アパートに住んでいたのでコインランドリーで洗濯機三台も四台も占領して一括処理。日本から来た人が、大学の先生のオムツ洗いですかと感激？してくれた。

赤ん坊はかなり早い時期から寝室を別にした。私が作ったベビーベッドで、初めの幾晩か泣いていたが、そのうち夜は寝るものと悟ったのだろう。時々様子を伺ってはいたが、部屋に入っていってあやして寝かせることはしなかった。

長いこと人間をやっている親だって、寝付けない時があるのだから、生まれたばかりのおまえたちは、小さい時から自分で寝付く練習をしろという心持ちだ。お互いの幸せのためである。それで、私には添い寝をして子どもを寝かしつけたという思い出はない。

離乳食の時期になっても、市販のベビーフードは使わなかった。大人の食べているもので食べられそうなものをかんで、口移しでやったり――少し大きくなってからは細かくして自分で選ばせたりと人間の子育てというより動物の子育てに近かったかもしれない。

親が食べさせようとするより、自分たちで何が好みか選ぶようにしたという方が近い。無理に食べさせなくても、お腹が空けば食べるさくらいの心持ち。

専業母親という人生観

子どもができても、女性が社会に出て働くことに私は賛成である。そのための支援の仕組みも、自治体なり雇用主なりが準備するべきだと考えている。そんな立派なことをいって、自分のこととなると奥さんを育児のために専業主婦にさせてと非難されるかもしれない。

しかし、フルタイムで育児をというのは家内自身の選択であって、私が言いだしたことではない。本人の価値観・人生観の問題で、配偶者といっても私がとやかくいうことではない。ただ、一つ懸念したことは、専業だと子どもに対する期待が大きくなりすぎて、子どもの人生と自分の人生が重なり合いすぎないかということだった。結果的には、取り越し苦労であった。むしろ、その点では、父親の方が子どもに対する思い入れが強く抑えるのがやや大変だったかもしれない。

もう少し子どもたちが大きくなってからのことだが、お金に対する教育はどうしていましたかと聞かれたことがある。アメリカでは、高校生でも株投資のシミュレーションをやっているくらいだから、毎月決まった額の小遣いをやって小遣い帳をつけさせ、その管理をきちんとさせて経済感覚の早期教育をという親もいる。

その点、我が家はいい加減であった。必要になったら、その都度母親からもらっていたようだ。だいたい、親からもらったお金で経済感覚がつくわけはなく、自分で稼いではじめてお金というものの感じがつかめるのだと思う。高校の時は夏休みなどアルバイトをして、自分で稼いで自分で使っていた。使い方に親が口出ししたことはない。

家内も私も、子どもたちをあまり叱ったことがない。子どもたちの出来がよかったわけではなく、我々の方が向こうから見てわかりやすい親だったからだ。ここまではいい、これから先はダメと子どもの方で判断できたのだと思う。

ここまではオーケー、これから先はダメというパターンを赤ん坊の頃からきちんと理解させることだ。特に、幼児の時の社会的訓練（街中や、電車の中での振る舞い）など、犬やネコと同じだ。主人の顔色をうかがっているわけだから、わかりやすいノーをきちんと発信することが大切。

それに、いくら親があれはダメこれはダメと言ったって、どうせ隠れてするのだから、初めから自分たちの責任でやれるものならやってみろくらいの開き直った心持ちだ。

英語？　日本語？

三人の子どもたちは、アメリカ生まれでアメリカ育ち。しかし、家庭では日本人の両親が日本語を話していたので、子どもたちが初めて覚えた言葉は日本語。

この先、大事になるのは英語だろう。それで、まず長男を教会がやっている保育園に入れた。初めの数日は大変だったようだが、すぐ慣れて友達もできて、新しい付き合いの中で彼らなりの社会生活を楽しんでいた。

保育園に迎えに行くと、車に乗るやいなや待ちかねたように話し出す。その日、保育園であったことの報告である。初めは、日本語構造の文に英語の語彙が入ったものだった。新しく増える概念や単語は英語で入ってくるのだから当たり前だ。時間が経つと、そのうち文章自体が英語になる。我々は特別なことはしなかったが、子どもたちはごく自然に英語に慣れていった。

ペンシルベニアからテキサスに移った時、子どもたちは九歳、七歳、五歳だった。テキサス英語の影響を一番受けたのは、末娘。兄貴二人にテキサスなまりのアクセントをからかわれていた。子どもは小さいほど柔軟に周囲に対応する。

小学校入学

一番上の子が小学校に入学するというのは、当人にとってはむろん、親にとっても初めての経験である。小学校は4月と9月の違いはあるが、日米とも入学時に、六歳というのが標準。ただし、アメリカではかなり自由で、発育がやや遅れ気味だと七歳、ついてゆけると判断されるとまだ五歳でも入学する。

長男が六歳になったので、さぁ小学校だと親も張り切ったが、どうしていいかわからない。日本だと、市役所や区役所から書類が送られてきて、どこそこ小学校にその入学願書を提出してほしい。ついては、予防注射云々という案内が届くのではないだろうか。

心配になって隣のおばさんに聞いてみた。学校が始まる日に、その地域の小学校に行けばいいんだよという返事。アメリカでは、戸籍も住民登録もない。したがって、自治体には入学が予定される子どもの情報がない。

これは、選挙も同じで自動的に選挙の入場券が送られてくることはなく、選挙をしたければ予め自分で登録しておかないと入場券は届かない。

何事も、自分の方からしないと始まらないのがアメリカだ。こちらから行動を起こさないと、向こうからは何も起こらないというわけである。

【入学式がない？】 学校が始まるという日に、妻が長男を学校に連れて行った。いきなり、教室に入れられ授業が始まるのだそうだ。日本だと、親にとっても子どもにとっても入学式は大きな行事だ。ところが、アメリカにはそもそも入学式などというものはない。今回、娘に確認したらそんな儀式があるの？　卒業式はあるけれどという返事。その代わりか、卒業式はちょっと着飾ってかなり盛大にする。

アメリカでは、始めることより終わることが大切だと考えられているのだろう。

【音楽教育】 日本でも、今は変わっているだろうが、私が小中学校で受けた音楽教育は貧しいものだった。せいぜい、オルガンに合わせてみんなで合唱するくらい。それも、週に一回ほど。息子や娘たちを見ていると、一人ずつ違った楽器を貸してもらって、ほとんど毎日音楽の時間があるようだった。一年経つとかなり上達する。

長男は、クラリネットをずっとしていて学校のオーケストラのメンバーだった。オーケストラも、一軍・二軍があり、その中でも時々席次が変わる。長男は、だいたい一軍の一、二列目くらいにはいた記憶がある。校内だけでなく、町や郡、そして州のコンテストまで目標にしていた。

一方、次男の趣味は太鼓叩き。私はドラムやシンバルは一つか二つあれば、用が足りるものと思っていた。ところがどっこい、誕生日・クリスマスとことあるごとに楽器屋に連れて行かれ買わされた。しかし、あんなに恍惚として叩き続ける瞬間がもてるということは、きっと精神衛生上にも悪くないことなのだろうと、生まれつきメロディー感もリズム感も欠如している父親は羨望が寛容の気持ちになって、買わされることになる。

そして、娘は学校ではクラリネットを、個人的にはピアノを習っていた。

【スポーツ活動】 我が子ながら、三人ともそれぞれにユニークで親とは異なる人格をもっている。長男は、小学生の時から高校まで空手をやっていて、一応ブラックベルト。一応というのは、黒帯でも、いろいろランクがあるらしく、その下の方。黒帯の端の線の数が違うそうだ。平和主義者の私はとてもあんな乱暴な殴り合いなどできない。

高校の時、空手ではなくアメリカンフットボールで肩の関節を怪我、その手術をしてから空手はやめた。

次男は学校にはなかったのか、近所の私設サッカーリーグのチームに入っていた。しかし、彼の本領はアイデア。決まったスポーツではなく、裏庭にツリーハウスを作ったりスケートボードの台を自作したりと独自の時間を楽しんでいた。

末娘は、小学校から大学の三年まで体操の選手だった（さすがに四年でやめたようだが）。なんであんな曲芸のようなことができるのか。ふだんでも、閑があると逆立ちをしたりトンボ返りをしたりしていた。だいたいよくあんなに脚が開くものだ。私には理解できない。四十を越した今は、もうできないだろうが。

【美術教育】 そして、次男は絵はうまいというのではないが、なかなか考えさせるものを描いていた。美術の気（才とまではいわない）は親の方にはない。強いていえば、家内の父親からの隔世遺伝か。

次男も、一時はそちらの方に進もうと考えたこともあるようだが、上には上がいてとても敵わないと悟ったようで、結局絵ではなくデザインの方に進んだ。

【日本語教育】 本人たちは、アメリカ人でも日本人でも好きな方を選べばいいが、せっかく、両親が日本人なのだからせめて基本的な日本語を覚えてほしいというのは、妻と私の希望だった。子どもたちは、英語は自然に覚えるだろう。問題は日本語をどう教えるかだ。

アメリカでも、大きな都市だと日本語でやる補習校がある。しかし、そもそも学校の目的が日本から一時的にアメリカに来た子どもが、帰国した時に遅れていないようにというためで、日本の小学校のカリキュラムでやっていた。我が家の子どものように、日本語の基本が必要なレベルは全く考慮の範囲に入っていないようだった。

フランスがフランス語を普及するためにやっているフランス語学校とは、全く目的が違う。そもそも、外国人に日本語を普及させようという思想が希薄なのだ。日本語は難しくて、外国人には無理だという先入観念があるのかもしれない。

それで、代わりに我が家に寺子屋ができた。子どもたちが、小学生の頃だ。ほとんど毎晩、三人並べて家内と二人で漢字を教えた。文部省の学習指導要領ではなく、石井式漢字教育によった。

石井式漢字教育とは、石井勲（1919–2004）が考案した幼児期の漢字の学習法で、漢字仮名まじり文の絵本などで学習する。絵本やゲームなど遊び感覚で、近所の子どもたちまでやってきて一緒に漢字カードゲーム（かるたの一種）をやっているうちに、「鼠」だの「兎」だの子どもはどんどん読めるようになる（私も、読めるけれど書けない）。

文科省の学習指導要領では、画数が少ないとか使用頻度が高いとか漢字自体の性質で、低学年で教えるか高学年まで待つかを決めているらしい。したがって、よく使われる漢字熟語でも一字は一年で習うが、他の字は四年まで出てこないというようなことが起こるらしい。

石井式では、一つひとつの漢字ではなく、文章のなかで漢字やその熟語に触れさせる。『北風と太陽』という絵本では、子どもは話の内容を理解し、そこにある「北風」・「太陽」・「旅人」・「競争」などという漢字をイメージとして覚えるのであろう。初めは、字としてよりも符号のようなもので、前後関係のコンテクストで記憶するのだ。

子どもたちに、簡単な日本語で日記を書かせて両親がそれを直すこともした。初めは、ひらがなだけでもいい。そのうち、覚えた漢字を使ってみるようになる。そのおかげか、我々が勧めたわけでもないのに、三人共大学でも、日本語をとって、日本の学校に行ったことがないにしては、読み書きともまずまず。

長男は日本の会社に四年ほど来ていたので、敬語の使い方の講習まで受けて会話だけでなく、プレゼンテーションやメールなどでも、もう完全にバイリンガルになった。

【土に親しむ】 子どもたちが小さい頃、何度も何度も引っ越しをした。アメリカの中でだ。北はボストン、南はダラス。その中間はフィラデルフィア、それにワシントン市。

その都度、庭に野菜園や花壇を作って、土で遊ぶ機会を設けた。彼らにとっては、勉強などよりも、土いじりはずっとずっとおもしろいのだ。同じアメリカでも、緯度の差で気候も大いに違う。ダラスなど、真夏は暑すぎて何もできない。一人元気だったのはオクラ。オクラはカンカン照りの中でもどんどん大きくなる。

嬉しいことに、子どもたちは大きくなって家を持つようになった今、立派な野菜園や花壇を作っている。今度は、孫たちが土と戯れていることだろう。

【ペットと親しむ】 子どもたちが成長する間、家には何かしらペットがいた。うさぎ・

猫・犬。自分たちよりも、小さくて人に頼らなくては生きていけない弱い者がいることは、子どもたちも自分の立ち位置を自覚し、精神的な安定をもたらしたのではないだろうか。

特に、猫はフィラデルフィアからダラス、そしてボストンまで我々と一緒に引っ越して、十六歳の長寿を全うした。犬の方は、ダラスからボストンと一緒で、ゴールデン・リトリーバーは十二歳、ブラック・ラブラドールは十一歳とこのような大型犬としては長生きだった。

特に、ボストンでは郊外で湖と森の間に住んでいたので、犬二匹はよく森に連れて行って放してやった。鹿やタヌキや兎がいるので、匂いがするのだろう。どんどん奥に走って行ってしまって、だいぶしないと戻ってこない。ある冬、雪が積もった山で一人で遊び回っていた黒いラブラドールの方が迷ってしまったのか帰ってこない。だいぶ長いこと大きな声で呼んでいたら、すっ飛んできた。甘えてピッタリくっついて離れない。帰り道がわからなくなって、心細くなり怖かったのだろう。

家の前の凍結した湖にも、放してやったことがあったが、滑ってうまく走れない。犬は森の中の川は好きだが、凍った湖はあまり好きではないようだった。

猫や犬以外でも、子どもたちは自分で世話をするからという約束で、どこかからフェレット（イタチの一種）や、亀・モルモット・鳥・魚・とかげ・ザリガニ・ヤドカリなど、自分の部屋で飼っていたこともあった。長男は大学に行って家を出てからだが、ニシキへビの仲間のボアコンストリクターというのを飼っていて、休みのたびに連れて帰ってきた。

不思議なもので、小さい時の好みは自分たちが家庭を持つようになってからも、あらわれるようだ。猫は無論、長男のところでは最近ヒヨコから育てて、ニワトリを庭で飼いだした。

【遊べ！遊べ！】 家内も私も、子どもたちには小さい頃から、遊べ遊べ外に出て遊べと言い続ける親であった。一番長いこと幼年期と少年期を過ごしたテキサスの家は、裏庭も広く大きな木もある。柵の後ろには小川が流れ、裏の住人に気兼ねすることなく大騒ぎができる。

いつの間にか、太い木の下の方に足をかけるために、木の板を打ちつけて登ったりツリーハウスを作ったりしていた。

教育パパ

家内も私も子どもたちの教育には人並みの関心は持っていたが、それほど口出しはしなかった。本人任せ成り行き任せの親だった。ただ思い返してみると、数は少ないが父親として「口出し」をしたこともあったので、それを書いておく。

【奨学金を増やしてもらう】 長男と次男は州立大学に進学したが、娘は私立大学だった。MIT、コーネル、ライスの三校に絞る。授業料はほぼ同じだったが、合格通知と一緒に来る奨学金の提供額に差がある。娘の第一志望のコーネルが奨学金の額が一番少ない。日本の大学と同じで、ある期日までに納めないと合格が無効になる。コーネルの締め切りが一番早かった。

多少親の負担は増えても、本人が行きたいところに行くべきだと私は考えたが、一つ気になることがあった。一番学費が高い大学を選ぶことに、負い目や引け目とまではいわないが、娘が多少なりともこだわりをもたないかということだ。どうせ行くならすっきりとした気分で行ってもらいたい。そこで、娘と私は考えた。私が下書きを書いて娘が学生課の入学担当者に出した手紙。

自分が一番行きたい大学はコーネルである。実は、MITとライスからの奨学金はいくらいくらで、コーネルからの奨学金が一番少ない。両親を説得する理由になるいいアイデアがあったら教えてほしい。

奨学金を増やしてほしいとは一言も書かなかった。言いたいことはあからさまには書かない。相手が言い出すように仕向ける。これがなにか頼む時の秘訣である。ここでは、一見コーネルの特徴や利点を尋ねているように聞こえるが、そんなものは簡単には言えるわけはない。

大学の入学担当の責任者からすぐ返事。私の一存では決められないので、委員会に諮るからその結果が出るまで払込締め切りは延長する。そして、しばらくして奨学金を他の大学のレベルまで引き上げてくれた。

アメリカは、率直に事態を説明すれば、率直に対応してくれる人が多いというい い例だった。これで、娘はためらわずに行きたい大学に行けた。

【進学する大学を考える】自分の子どもたちの進路について、本人たちの選択を尊重して、妻も私も反対したことはない。長男の大学選択について、私が自分の意見を言ったのが唯一の例外である。

当時、テキサスに住んでいた。長男が最終的に絞ったのは、一学年二百から三百人くらいの私立の単科大学（college）と、それとは対象的に一学年一万人のマンモス州立総合大学（university）。そして、本人は家庭的な単科大学に行きたいという。

私もその気持ちがわからないでもない。そのようなこじんまりした環境は、社会性や対人関係で懸念のある場合や、逆に唯我独尊の天才肌の人間の場合には最適だろう。しかし、回りの人間と一緒になって成長していくようなふつうの子どもにとっては、多様な背景を持った人たちに出会うことが大切だ。父親の私としては、長男は後者のケースだと思っていた。

それでは、決める前に見に行ってみようと提案。私は休みを取って、長男と二人で両方の大学を訪ねた。学生課の人にいろいろ話を聞いたり、キャンパスを見せてもらったりして感触を確かめた。単科大学の方の副学長の一人が、私が以前いた研究所で一緒だった人だったという思いがけない発見もあった。

その帰りの車の中で、私は長男に自分の意見を言った。機会の多いことと競争のあることは、自分の能力を伸ばすのにプラスになる。お前はそういう環境に十分耐えられる実力がある。

結局、自分で考えて長男は州立大学を選んだ。

【困った時はまず相談】　父親の仕事の都合で、引っ越しをするたびに子どもたちには転校を強いて可哀想なことをしたと思っている。特に、次男は高校の最終学年（アメリカでは、高校四年生だが、日本の高三にあたる）でダラスからボストンに移った。心配したように、次男は学校になじめない。登校拒否まではいかぬが行ってもおもしろくなさそうなのは歴然。無理もない。進学の年だし、友達もすでにグループができていて新たに仲間に入るのは難しいだろう。

私は担任の先生に相談した。らちがあかない。これでは駄目だ。校長の方が、もう少し話がわかるだろう。校長は教育学の学位を持つドクター。手紙の交換をした後、面会していろいろな可能性を二人で検討する。いいアイデアが出てきた。

次男は、高校卒業に必要な単位はすでに取っているので、卒業しようと思えばすぐにでもできる。ただし、証書は、在校日数の関係でボストンの高校からは出せない。人生そんなに急ぐ必要はないというのが我々親の考えでもある。

最終案。籍は高校に置いたまま、近くのコミュニティーカレッジで好きなコースを取る。それを高校の単位と認定して、在校日数を満たし一年後この高校を卒業するという形式にする。次男はその通り高校の授業ではなく、近くの大学で美術関連のコースをいくつかとって楽しい高校最終学年を過ごした。

日本の教育事情は知らないが、アメリカは柔軟性が高いように感じている。論理さえ通れば何でもありで、前例がないからなどという言い訳は聞いたことがない。逆にそんなことを言ったら、じゃあ前例を作ろうなどと相手が元気になってしまうかもしれない。

私の印象であるが、アメリカでは組織の上の方にいる人ほど、考え方に柔軟性があるようだ。前例踏襲や、現状維持の傾向が強い日本の官僚などとは対照的である。

サマーキャンプ

アメリカの学校の夏休みはとにかく長い。6月前半から9月初めまで、3カ月近くある。そして、何よりも日本と違い学年の半ばではなく、学年と学年の間なので宿題もなにもない「自由の身」である。

子どもたちに、少しでもいろいろな体験をしてもらいたい。大人が教えるのではなく、半分遊びながら、自分たちの経験を通して生きていることの喜びを感じてほしい。その意味で、夏休みこそいい機会だ。アメリカのサマーキャンプというと、二泊三日などという短い林間学校や臨海学校ではなく二、三週間のものが多かった。

子どもたちが小中学生の頃、毎夏参加していたＹＭＣＡのキャンプのことを記しておこう。一番よく行ったのは、住んでいたダラスから百八十キロほど西のキャンプ・グラディー・スプルース（Camp Grady Spruce）。陸が半島のように丸く突き出て、川がほとんど三百六十度湾曲。砂浜あり崖ありで、箱庭のような変化に富んだ地形である。

キャンプ期間は、一つのセッションが二週間。我が家の子どもたちは、続けて二つのセッションに行っていたので四週間。週末に一度くらいは、両親も会いに行ったこともあったが、後は知らない仲間やカウンセラーと過ごすのである。

この項を書くにあたり、どんな活動をしていたのか聞いてみた。図工・ウォータースキー・乗馬・ライフル射撃・弓矢・水泳・カヌー・セーリング・釣り・ロープコース

（ロッククライミングや空中ブランコの準備のロープさばき）など、など。ライフル射撃は、後にも先にもこの時以外はなく、人生一度だけの経験だったと言っていた。

今回、子どもたちからおもしろいことを聞いた。滞在が終わる前に、それぞれの活動でどこまでできるようになったか、バッジをもらうのだそうだ。それが楽しみだったという。たぶん、「私は乗馬で何級なのよ」などと自慢するのだろう。

時間割は、起床・朝食・礼拝・活動1・活動2・昼食・休息・活動3・活動4・打ち合わせ・夕食・夜の活動（キャンプファイアやスポーツ活動など）・シャワー・就寝。

それに加えて、アメリカ的なのは毎朝国旗を掲揚して、夕方降納するという儀式もある。

時間割の中に、何かの勉強などというのがないことは素晴らしい。遊ぶ時は遊ぶのである。四週間何もしないと、英語にしろ数学にしろ忘れることも多いだろう。忘れたら、またやればいいさというのがいかにもいいさぎよい。

一つのテントには、子ども十名ほどとカウンセラーが一人か二人。そういうのが、男女別にそれぞれ十五〜二十あったそうだ。そのメインキャンプに加えて、年少のジュニアー・キャンプもあったというから、総勢ではかなりになる。

それに、国際交流もありドイツ・フランス・スイス・オーストラリア・ニュージーランドなどからのグループもいた。ラオスや、ネパールから来たカウンセラーに出会ったことがあったそうだ。きっと、アメリカ式サマースクールを輸入しようという試みだったのかもしれない。

我が家の子どもたちは、小学校から中学まで、毎夏参加。いろいろな人に出会い、またいろいろなスポーツなどを実際に試してみて、自分のこれからの方向を考えるいい経験になったはずだ。

次男など十七歳の時、今度は立場が変わって、カウンセラーとして参加。ひと夏、子どもたちの面倒を見ていた。三食昼寝付きに加え、多少は報酬ももらったのだろう。

このように、子どもの頃から自分で方向を決める癖を身につけることで、その後の人生は大きく変わる。子どもを育てるのに、両親がごちゃごちゃ教訓を垂れるよりも、思い切り遊んでおいでとサマースクールに放り込む方がどれだけ効果的かわからない。

と私は考えていたのだが、今回サマーキャンプのことを聞いたら、その返事に娘がいみじくも書いてきた。「あたしいつも思っていたのよ。キャンプで自分たちがいい思いをしているのに、パパとママは夏休みもなくて不公平だって。でも、あたしわかったのよ。あたしたちをキャンプに送り込んだパパとママの知恵が一枚上！　そのうち、我が家の子どもたちも、キャンプにやるわ」当たり!!

サプラーイズ　二つ

【新聞記事】高校を卒業した時だったが、地域の新聞のスポーツ欄の一面に娘が大きく取りあげられた。The Middlesex Newsという極々ローカルの新聞である。中を見ると、これまた一面にわたってサクセスストーリーが出ている。二年間、水泳クラブで飛び込み、三年間、体操クラブで活躍、そのうち二年間は主将。地域リーグの最優秀選手など、など。フィールド以外では、国のオナーソサエティに三年選出され、成績は352人の学年中七番目。学力試験コンピューターで八百点満点。そして、YMCAの体操の指導員をやり、募金活動の団体の一つWalk for hungerを支援。高校の先生やクラブのコーチの賛辞が続く。

この新聞が出た翌日、私は会社で、みんなに「お嬢さん出ていましたね」と言われた。

地域の新聞なので、見ている人が多いのだ。社長から、これはお祝いの言葉だと娘あてのメールが来た。娘がそれにお礼のメールを出し、その後何回かメールを交換していたようだった。

そして、驚いたことに娘は高校卒業と大学入学の間で三カ月ある夏休み中、私のいる会社でインターンとして働く約束を取り付けたのだ。それまで、大学三年生のインターンはいたが大学に入る前のインターンなど聞いたことはなかった。なにかうまいことを言ったのであろう。おとなしい父親にはない積極的な交渉力を「アメリカ人」の娘は持っている。

そして、上級副社長のもとでひと夏過ごし、大変気に入られた。大学に入っても、休みのたびにインターンとして呼んでくれた。今でもまだ機会があると「お嬢さん元気？」と聞いてくれる。社長や副社長など目上の人と、そつなく対応できる能力は日本人離れしている。

【アルバム】 娘の大学院卒業式で、家族がスタンフォードに集まった時、食事の後でおもむろに、次男が我々にくれたのが、一冊のアルバム。我々の真珠婚式で「祝三十年記念」とある。

妻と私の住所録や年賀状から、二人の知り合いと思われる人たちに片っ端から手紙を出して、思い出の品や手紙・写真などを送ってもらったという。

次男の日本語は、改まった手紙を書くほどではないので、日本向けには日本語の達者な友達に頼み、自分はアメリカに住んでいる人に出したということだった。妻と私にわからないように、密かに進めていたようだ。

開いて驚く。恩師や親しい友人は無論だが、もう何年も音信がなかったような昔の知人たちからの手紙。日本二十七通、米国十三通、さらに英国一通、夫婦と親子は一通と数えたので、人数でいうと五十人近くからの手紙である。

私の小学校の時の担任の先生から、懐かしい写真や古い手紙と共に、おめでとうのお言葉。卒業以来七十年近く、年賀状はもちろん手紙や絵葉書でずっとお付き合いいただいている先生。今年の八月で九十七歳になられる。

昔のガールフレンドからも。小学校の同級生、文通をしていた人、講師をしていたサマースクールの生徒、旅行で知り合いになって、付き合いが始まった人、旧悪がばれてしまう。でも懐かしい。

このように、思いつきを実行して仕上げるという「発想・実行・完成」という一貫性に、次男は特に優れていると感心している。絵を描いたり、物を作ったりするのが好きな人間の特性なのだろう。大学を卒業したら、次男は平和部隊（日本の海外青年協力隊にあたる）でアフリカの最貧国ニジェールに二年間行っていた。

アイデアはよかったと思うのに、途中で失速してしまってうまく仕上げられないことの多い父親としては、次男に今の調子を忘れないでいてほしいと心から思う。

巣立ち

子どもたちは、三人とも大学入学で家を離れた。休暇や生活の変わり目に、短期間戻ってきたことはあったが、長く同居することはなく、独立したといっていいだろう。子の親離れ、親の子離れであった。経済的には、大学も学部の間は援助をした。三人共、修士号は奨学金やローンで賄ったようで、頼まれなかったので親は支援しなかった。

三人とも、三十代初めに結婚。サンフランシスコやニューヨークに家を買い、それぞれ子どもは二人ずつ。したがって、我々には六人の孫がいる。妻と私がアメリカに行って、サンフランシスコでファミリー・リユニオンをしていたが、コロナ禍で中断。今は、もっぱらZoomやSkypeである。

楽しい子育ての時間を過ごすことができて、子どもたちよ、ありがとう。それに、何よりも相棒として一緒にやってくれた伴侶にも。　私の百年人生の重要な部分になった。

第五章　恩師

自分の人間形成に大きな影響を受けて、心の底から「先生」とお呼びしたい方が何人かいらっしゃる。どんな出会いで、その後、十年から数十年にわたる長い間、どのようにお付き合いいいただいたかお話ししたい。

都城秋穂先生──不慮の事故

２００８年の七月の末、テレビや新聞のニュースで都城秋穂先生の行方不明を知った。場所はニューヨーク州オールバニのサッチャー州立公園のことだった。この州立公園は、以前都城先生に案内していただいたことがあった。以下の経過はAlbany Times Unionという地方新聞の記事をもとにして書く。

その日、都城先生と奥様の紫藤文子さんはサッチャー州立公園にお出かけになった。紫藤さんが展望台の辺りで写真を撮っていらっしゃる間、都城先生は散歩をしてくるからとハイキングのための小道の方に歩いて行かれたという。ふだんから、お一人で瞑想にふけるためにそうなさることが多かったとある。

午後八時十五分、公園の門を閉めるために公園管理人が来ても、都城先生はお戻りにならない。しばらく探した後、午後八時四十五分、警察に失踪の報告。午後九時、州立公園に警察が到着して捜索開始。午後十一時には探索犬のチーム到着。探索犬は先生の歩かれた跡を追うが、雨のため途中で匂いが消されて追跡の続行は不可能。雷雨のなか人による捜索は夜通し続く。

実は、雨や雷というのはその翌日のことで、その夜は満天の星月夜だっだそうだ。これは Albany Times Union の記者の日にちの勘違いだと、紫藤さんから後でお知らせいただいた。

翌二十三日、早朝から百人近い規模で捜索。ヘリコプター出動の要請は霧で視界が悪いため断念。しかし、その日には何の手がかりも得られない。行方不明から二日経った二十四日の午前十一時、岩場をロープで下りた隊員が崖の下で遺体を発見。捜索開始から三十六時間後であった。しかし、岩が滑りやすく引き上げられないので、下の森を切り開いて遺体を収容。事故死であったという発表に、警察は次の説明を付けたと当地のテレビ局CapitalNews9は伝える。

"… the man who spent many years studying Mother Nature was only trying to get a good look at her."

「何年もの間、母なる自然の研究に携わってきたこの人は、それをもっとよく見てみようとしただけであった……」

アメリカ人らしいコメントである。

最後のお手紙

私は旅行記や生活で感じたことなどを書いて冊子を作り、知り合いに差し上げている。都城先生にも、その一つの『カナダの脇道』をそのようにしてお送りした。折り返しすぐ、お礼の手紙が七月二十六日に届いた。そして、その日にインターネットや新聞で先生の訃報を知った。手紙の日付を見たら、七月二十二日。事故に遭われたその日である。きっと午前中か午後早く、私に手紙を書いてくださって投函されたのだろう。切手の消印は“Albany 122 2008.7.22 PM”とある。１２２は郵便局の番号である。

「このたびは、『カナダの脇道』いただきまして、ありがとうございました。エジプトとチベットに続き、この三冊目もおもしろそうですね」で始まり、旅行記の後に書いた酒・コーヒーなどについて、先生は「どうも、私は無趣味な人間で、こういう人間は他の人からみるとつきあい難いことと思います」そして、いつも写真を同封してくださる。今回は庭で生まれた野ウサギの子どもであった。

先生には、東大の学生時代も教えていただいたが、アメリカに来てからもお付き合いがずっと続いていた。先生がアメリカに移られたのは、１９６７年。私の渡米はその翌年。我々は、ボストンを振り出しに、またボストンに戻るまでの間、アメリカ国内を転々と移り住んだが、都城先生と紫藤文子さんはもう四十年もニューヨーク州オールバニにお住まいであった。

わたくしの宝物『地球科学の歴史と現状』

大事にしている本がある。正確には一冊の本の形で出版されたものではない。雑誌の連載をまとめて製本したものである。都城秋穂著『地球科学の歴史と現状』。先生に中表紙を書いていただき、半世紀以上経った今でも大事に本箱にある。

大学三年で専門の勉強を始めた頃、自分のやろうとしている学問に対する不満の気持ちが入れ代わり立ち代わり出てきて、情緒がはなはだ不安定であった。私は大学の入学試験の理科で地学と物理を選択したくらいだから、地学に全く興味がなかったわけではない。しかし、教室で習った地質学はあまりに素朴で、難解さを好む若者の知的好奇心を満足させるものではなく、失望に近い気持ちをもっていた。

数学・物理学・化学・生物学に比べると、地学は桁違いに〝科学度〟が下がる。科学度というのは変な言葉であるが、一つの体系としてどれくらい内部矛盾なく記述できているかということである。要するに原因と結果である因果関係がはっきり予測できるかどうかである。あるいは普遍性、一度起こったことは場所や時間が異なっても、同じことが起こるという点で、数学・物理・化学は定義された領域では美しい体系をなしている。生物学になると生命の誕生の説明という課題が残るが。それが、地学となるとこの世で一度だけの現象の連続の観を呈す。

そんなことを考えながら、悶々としていた頃、都城先生の『地球科学の歴史と現状』という連載が中央公論の科学雑誌『自然』で始まった。この雑誌は、当時『科学朝日』と並んで、一般向けの科学雑誌の代表的存在だったが、1971年に廃刊された。毎月発売日（五日だったかな）になると本屋に飛んでいって購入、帰りの途中コーヒー屋でむさぼり読んだ。なお、この連載はずっと後だが、『『地質学の巨人』都城秋穂の生涯〈第2巻〉地球科学の歴史と現状」（東信堂 2009）として単行本になった。

連載第一回のヘッダー・タイトルは「古くて新しいのがこの地球科学。負っている重荷があらわされている。まず最初に、その過去と現状を語ることから始めよう」であった。連載最後の第十五回には「現在の地質学、ことにわが国の地質学の世界では、独創性が一般に重視されず、論理の感覚がほとんど欠如している。その結果として、例えば現代化は技術中心主義的に理解されやすく、地質学の目標は地方主義的に設定されやすい」と記されている。研究者の道を歩み始めた二十代半ばの若者には、自分の進もうとしている先への警鐘であった。

都城詣

我々の住んでいたボストン郊外の家からオールバニの先生のお宅へは、高速道路一本で二時間くらい。春・秋・花の季節になると、家内と一緒によくお邪魔した。先生と紫藤さんのお二人で手入れをされていた庭は、それは見事である。毎回お邪魔するたびに何か新しい趣向がある。花だけでなく、庭木がすごい。

お伺いするたびにいただいて帰る野菜はすぐ食べてしまうが、植物の苗は我が家の庭で増えて、何年も楽しませていただいた。まず、キキョウ。先生のところにはもっとあったかもしれないが、我が家で根付いたのは三色。一番典型的な紫とピンク、それに白。やはり、紫が一番強く白が一番弱い。次は、ヤマブキ。先生のお宅から数本苗をいただいてきて、裏庭の雑木林の縁のところに植えたら土地に合ったのか、どんどん広がって黄色のカーテンのようになった。今でもきっと咲いていると思う。

休みになると、家内と一緒に都城詣と称して、オールバニの御宅にお邪魔したことを思い出す。都城秋穂（1920–2008）先生、紫藤文子（1931–2018）さん、本当にありがとうございました。

この文を書きながら、インターネットを調べていたら「寺田寅彦と都城秋穂」というプレートテクトニックスの発展に関する論文を見つけた。著者の西村寿雄さんは存じ上げない方だったが、メールアドレスを探してメールを出す。すぐ返信をいただく。他に、西村寿雄『地球の発明発見物語』（近代文藝社 2010）という著作もおありで、早速購入して読む。時間的空間的に地球科学の発展史が見事に描かれている。これは、まさに都城イズムだ！

中村純二先生

「大橋君、まっ、もう一度受けてください」

大学の教養学部時代に、中村先生の電磁気学の試験を受けた。惨敗であった。そのすぐ後、先生のお宅に一人で遊びに行ってそう言われたのである。先生に激励され、奥様にごちそうしていただいたおかげか後で受けた追試はよくできた。私は失敗しても悪びれることがない。別に自分の人格に関わる（多少はあるかも？）ことではないので、後で再挑戦して乗り越えれば問題ないと思っている。

中村純二先生（1923–2020）のご専門は、超高層大気物理学で、オーロラ研究のため南極観測隊の一～三次隊で越冬もされた。先生は私のクラスの担任でもあった。大学でクラスの担任などあるのと言われるかもしれないが、当時、東大では担任がいて、時々ホームルームのようなことをやっていた。以前、特に地方から出てきて一人暮らしをしている新入生が新しい大学生活にうまく適合しない例が多かったので、教養学部長がクラス担任制度を導入したという話を聞いた。インターネットで見たら、今でもあって、大学のクラス担任についての論文まで出ていた。

地元東京出身の私は、進んでクラス委員というか、世話係のような役になって、クラスコンパや、女子大との合コン・合ハイの計画を引き受けていた。それで、担任の中村先生との接触が他の学友より少し多かったのかもしれない。

私は、かなり早い時期に鉱物学・結晶学の方向にしようと決めていたので、中村先生にご相談をした。先生の提案で理学部地質学科鉱物学教室に出かけて行って、結晶研究の話を聞いた。その時相手をしてくださったのが、当時はまだ助手だった是川正顕（1928–1985）さん。後にドイツに渡られ、フランクフルト大結晶学鉱物学教室の主任教授になられて、X線・中性子線での研究成果を発表された。是川さんとお話しして、よし、オレも自分の力で世界に出ていこうと思った。

私が選んだ分野は、中村先生のご専門の超高層大気物理学とは違ったので、研究の話をしたことはあまりない。しかし、実に大学の教養学部時代からお亡くなりになるまで五十年ほどの間、お付き合いいただいた。手紙やメールは無論、よくお宅にお邪魔して奥様のあいさんの手料理をご馳走になった。あいさんは、憲法学者・金森徳次郎（1886–1959）のお嬢さんである。今でも、電話でお話ししたり手紙の交換をしたりしている。染め物をなさり、ご自宅に藍染の大きな瓶があり、糸を藍で染める仕方を説明していただいたことを覚えている。

その奥様からの電話で、中村先生がお亡くなりになられたことを知った。九十七歳だったという。最期は、病院でという医者の勧めを受け入れず、ご自宅に連れて帰って、一緒の時間を過ごせたことは本当によかったと仰っていらした。葬儀、偲ぶ会でいろいろなことを思い出した。

中村先生というと、南極で生き延びていた樺太犬の兄弟タロ（1955–1970）とジロ（1955–1960）のことを思い出す。南極に取り残されながら共に生存し、翌1959年の一月十四日に第三次越冬隊が、ヘリコプターから発見して救出された。それで、一月十四日はタロとジロの日と呼ばれる。その時、中村先生もその場にいらしたという。

2020年のタロとジロの日、朝のNHKニュースで、中村先生が犬たちの思い出を話されているのをたまたま見た。前の年に置き去りにされてから、アザラシの糞やペンギンを食べて生きていたようで、ドッグフードはあまり興味がなくなっていたという。それは、ペンギンの生肉の方が美味しいだろう。

テレビのニュースでは、先生は大変お元気そうに見えた。しかし、その年の十月に亡くなられた。実際にお目にかかったのは、その数年前、奥様の展覧会の時だったと記憶している。

竹内慶夫先生

竹内慶夫先生（1924–2009）は、東大での学士課程・修士課程での指導教官だった。しかし、階層性の強い鉱物学教室では直接に一対一でお話しできたのは、一学期に一回か二回。ふだんの指導は、助手の大政正明（のち姫路工業大学、筑波大学教授）さんを通じてだった。最後の年では、アメリカから帰国されたばかりの助手の武田弘（のち東京大学教授）さんも、助言をくださった。修士課程では、吉村石（Yoshimuraite）の結晶計算をやらされた。竹内先生は、この鉱物の結晶構造の論文の著者に私の名前まで加えてくださった。

２００９年の七月初め、できあがったばかりの冊子『喜望岬の脇道』をお送りしてまもなく、恩師・竹内慶夫先生の訃報に接した。奥様のお話だと4月くらいから入院されていらしたということだった。以前はよく遊びに伺っていたが、この一、二年は体調が優れないからと手紙や電話になっていた。

ワシントンにいた頃にも来ていただいたことがあったし、フィラデルフィアのペンシルベニア大学に移ってからは、ほぼ定期的にお目にかかっていた。その頃住んでいたのは、フィラデルフィアの郊外のスワッスモア（Swarthmore）という町であったが、そこにたまたま、Ｘ線粉末法のデータを出している組織であるＪＣＰＤＳ（Joint ComMITtee on Powder Diffraction Standards）、今は、組織が変わってＩＣＤＤ（International Centre for Diffraction Data 国際回折データセンター）の本部があった。そのＸ線粉末法のデータのファイルを更新する会議が、毎年ではなかったが、隔年か二年おきくらいにあって、日本からは竹内先生がおいでになることが多かった。そのたびに、我が家を訪ねて下さるので、子どもたちもまだよく回らない口で、タケウチセンセイ、タケウチセンセイとなついていた。

だいぶ後のことになるが、竹内先生は東大を退官された後、日大に移られた。日大の理工学部は下高井戸の駅の南側にあって、私が通っていた小学校近くなので、日大は〝活動範囲〟で、土地勘もある。日本に出張で帰ってくるたびに、先生にお目にかかるためにその研究室にお邪魔した。

先生が公職をお引きになる前後のことだったと記憶しているが、英語の古文書のことでメールをいただいたことがあった。私はボストンに住んでいた。先生がお探しの本がハーバードの図書館にあることがわかったが、どうしたら、コピーをもらえるだろうかというお尋ねであった。そのことで少し調べて差し上げたことがあった。

最終的には『セレンディップの三人の王子たち―ペルシアのおとぎ話』（竹内慶夫翻訳、偕成社文庫 2006）として出版され、私にも送っていただいた。読んでみたら、最後に出版協力者として、私の名前を見つけて嬉しかった。

私が引退して、日本に帰国してからも、時々先生のお宅に伺って、奥様もご一緒にいろいろお話しした記憶もある。ある時、お尋ねしたら奥様が不在のことがあった。夕方になったら、じゃ寿司でも食いに行こうかと寿司屋に連れて行っていただいたのが、竹内先生との最後の思い出になった。

バージニア工科大学のギブス（Gerald Gibbs）は私も尊敬する結晶学者であるが、彼と話していて「いいか、日本で一番いい仕事をしている鉱物結晶学者は誰だと思う？ Yoshio Takeuchi だぞ。お前はその弟子だったことを誇りに思わないといけない」と言われたことがある。これは、一度ならず言われたのでギブスの本心だろう。

地質調査所のロス（Malcolm Ross）からも、Takeuchi がアメリカに来ることがあったらぜひ教えてくれ、会いたいからと言われていた。実際、竹内先生がワシントンでセミナーをされた時、知らせたら、駆けつけてくれた。

先生の亡くなられた翌日、東大鉱物の同窓会からお知らせをいただいた。通夜・葬儀は、先生のご遺志に従い、近親者のみということだったので、ご遠慮してしばらくしてからお電話を差し上げるにとどめた。多磨霊園に埋葬されたと伺った。私の両親や祖父母の墓も多磨霊園にあるので、私もやがてはそこに落ち着いて、やぁ先生またお近くになりましたねという日がいつかは来るだろう。

先生の教え子は全国に散らばっている。東京大学理学系研究科の方々が中心になって、「竹内慶夫先生を偲ぶ会」（２００９年の十二月四日、於東京大学・本郷 山上会館）という機会を設けてくださった。竹内先生の奥様、お嬢様に加えて、私の結晶学への関心のきっかけとなった本の著者、砂川一郎（1924–2012）先生、学生実験の指導をいただいた武田弘・大政正明・加藤昭、先輩の堀内弘之・太田多禾夫、ほぼ同じ頃学生だった大隅一政・豊遥秋・田賀井篤平・江尻公一の諸氏と思い出話になつかしい時間を過ごすことができた。竹内先生、心から、ご冥福をお祈りいたします。

バーナム先生

バーナム（Charles Wilson Burnham〔1933–2021〕）先生は、ハーバードでの私の指導教官であった。MITのバーガー先生のところで博士号を取られた後、ワシントンのカーネギー地球物理学研究所に結晶学研究室を作られ、最新の単結晶X線回折システムを構築された。

先生はその後ハーバードに移るが、この結晶学研究室を引き継いだのがフィンガー（Larry W. Finger）で、後のことだが私は彼の研究室のポストドクトラルフェローとなって、このバーナム先生が設定された回折計を使うことになる。

バーナム先生がハーバードに赴任された二年後に、私はその研究室に〝新入生〟として入学する。その時研究室には、先輩の大学院生が三人ほどいたが、皆大学にはバーナム先生より前からいて、他の研究室から移ってきたのだった。

バーナム先生はコンピューターが好きだった。自分でもFORTRANでかなり長いプログラムを書いていた。有名だったのは、X線の高角度の背面反射データにさまざまな系統的な実験誤差の補正をして、結晶格子定数をより精密に決定するプログラムだった。

風貌こそ、孫悟空を思わせるが、実に緻密で実験や計算の時の態度で学ぶべきものが多かった。私の書いたコンピューター・プログラムの中身を完全に理解してくれていた数少ない一人が、バーナム先生であり、後にはフィンガーだったと思う。その意味でも私は幸せだった。

バーナム先生の趣味はスキー（実力はインストラクター級で、息子はプロのスキーヤーになった）と汽車のモデル作り。そして、自然保護団体シエラクラブ（Sierra Club）の会長をされたりしていた。私が入った頃は、研究者・教育者として一番油がのった頃だったのだろう。学科の中でも、とりわけ活気のある研究室だった。外に対してはかなり強硬な態度をとることが多いが、我々弟子たちにはいろいろ細かい気遣いをしてくれた。ただ、自分自身が外に出て、もう少し世の中が見えてくるとずっと後のことになるが、さすがのバーナム先生も研究のペースが少し遅くなってきたかな感じることがあった。

そうしたら、パッと引退されてしまった。１９９６年、まだ六十二歳か六十三歳。私もそのバーナム先生引退記念のシンポジウムに参加した。四半世紀ぶりにバーナム先生の研究室に行く。そこにいた秘書が、なんと私のいた頃と同じ人。えっ？　ポーリンじゃないの？　Hi Yoshi. 向こうは出席者の名簿を持っているが、こちらは不意をつかれた。二十数年ぶりの再会。企業では考えにくいが、大学では人の動きが少ないのだ。

ハーバード引退後、すぐコロラドに引退されて、結晶学とは離れてスキーや山歩きにあちこち出かけておられたようだ。メールで連絡するだけで、その後はお会いしたことはなかった。

伊藤貞市先生とバーガー先生

私はお二人から直接教えを受けたことはない。しかし、私の東大での指導教官・竹内慶夫先生は伊藤貞市先生の弟子。また、ハーバードでの指導教官・バーナム先生は、バーガー先生の弟子である。したがって、私はこの大先生お二人の孫弟子を自認している。

そもそも、私が専攻したX線結晶学は1912年にラウエ理論が提唱されて、1913年英国のブラッグ（Bragg）父子の仕事から始まった。結晶学、特に鉱物を対象にした研究は、米国ではバーガー先生（Martin J. Buerger〔1903–1986〕）がMIT（マサチューセッツ工科大学）で、日本では伊藤貞市先生（1898–1980）が東大で始められたのであった。

私は直接教えを受けたことはなかったが、著作はバイブルのように持っていた。伊藤先生の双晶空間群の集大成と、十冊以上あったといわれるバーガー先生の結晶学の教科書のうち五冊。一ドル三百六十円の時代で、自分ではとても買えないので機会あるごとにロスアンゼルスの叔母や、ニューヨークの叔父に贈り物として、〝注文〟していた。

伊藤先生の双晶空間群論の本は、終戦からたった5年後の1950年に出版された。それまで、単なる記載の多かった鉱物学で、原子の配列から考える研究書を英文で発行されて、それこそ世界をアッと言わせた。バーガー先生はプリセッション法というカメラを発明され、単結晶によるX線回折像から、結晶の幾何学的研究に多大な貢献をされた。私も、このカメラで多くの鉱物結晶の写真を撮った。実に巧妙な設計だと感銘！

お二人とも、鉱物学のノーベル賞といわれるローブリング賞（Roebling Medal）を米国鉱物学会から受賞されている。伊藤先生の受賞の時、バーガー先生はこの伊藤先生の本の紹介で、双晶群論と付録に解説されている伊藤法と呼ばれる粉末写真の指数付の方法を讃えられている。

私にとっては雲の上の存在であった伊藤貞市先生は、1959年、東京大学を定年退官され、京都大学理学部地質学鉱物学科教授になられ、二年後の1961年にそこを定年退官されていた。私は一度しかお目にかかっていない。それもアメリカでである。1968年、留学先のハーバード大学のバーナム教授の研究室で、結晶データを集めていた時、伊藤先生とそのご子息の伊藤順さんが、バーナム先生の案内で入ってこられたのである。その年、アメリカ鉱物学会の最高の賞であるローブリング・メダルを受賞されたので、その授賞式出席のためだった。

伊藤先生は、1926年から1929年までスイス、チューリッヒ工業大学（ETH）のニグリ（Paul Niggri 1888–1953）のところで、ついで、1931年から1932年までは英国のブラッグ親子（父親はSir William Henry Bragg〔1862–1942〕、息子はWilliam Lawrence Bragg〔1890–1971〕）の研究所でX線結晶学を学ばれた。共に、当時のX線結晶学研究最前線の研究室である。帰国され、東京大学理学部鉱物学教室にX線結晶学の研究拠点を築かれ、伊藤法と呼ばれるX線粉末写真の反射の指数づけの方法を考案されたり、定永両一（1920–2002）・竹内慶夫（1924–2009）・森本信男（1925–2010）など優秀な弟子に恵まれ、素晴らしい業績を世界に向けて発表されたり、もう順調そのもののような印象を持っていた。

ところが、伊藤先生は東大で不遇をかこち（1925年助教授になった後、教授に昇進したのは1943年）、東北大学の神津俶祐教授（1880–1955）のところをしばしば訪れて相談されていたこと、学位は東大ではなく東北大から得たことなど、後に知った。そうか、時として伊藤天皇と呼ばれた人でも、苦労はあったのだ。

伊藤貞市先生の他に、私にはもう一人、雲の上の存在がある。MITの教授・バーガー（Martin Julian Buerger〔1903–1986〕）先生である。かつて、先生の学生であった友人の話では、先生の講義は退屈なものだったというが、教科書の書き方は素晴らしい。懇切丁寧に、具体的な例を使いながら、概念を説明していく著者の姿勢に私は心酔した。

バーガー先生も伊藤貞市先生と同じく、鉱物学で学位をとられた。そして、共に英国のブラッグ（W.L.Bragg）から影響を受けて、X線結晶学を発展させた。1927年、ブラッグがMITでした講演を聴いた大学院生バーガーは、これだこれだと直感したらしい。物理とか化学でなく地質鉱物出身の二人がX線結晶学を英国から、バーガー先生は米国へ、そして、伊藤先生は日本へと広げていったことになる。

余談であるが、伊藤先生のご子息・伊藤順（1926–1978）博士は、私がハーバードに入学した時、研究員として同じ建物の中に、化学分析研究室を持っておられた。地学教室の唯一の日本人だったので、よく部屋に喋りに伺ったり、食事にも一緒に行ったりした。しばらくして、フロンデル先生の秘書だった人と再婚され、ご長男が生まれた。私も結婚したので、よく家族同士で、行ったり来たりすることも増えた。私が卒業して、ワシントンに移ってからも、自宅に来ていただいたこともあった。その後、我々にも長男が生まれた。その時、奥様のJeanさんからご長男John Paulのお下がりの洋服をいただいたことがあった。

伊藤順さんは、その後しばらくしてからだったが、シカゴ大学に移られた。最後にお目にかかったのは、そのシカゴ大学の研究所をお訪ねした時だった。

李先生

李先生は、コロンビア大学で博士号を取られた後、私とほぼ同じ頃ハーバードに助教授としていらした。私は、学生として先生の地球化学のコースをとった。その頃ビッグバン理論などの話があったかどうか覚えていないが、とにかく、水素・ヘリウムから始まって、段々重くなり鉄くらいまでの元素の起源など、地球化学より大きく宇宙化学の話もあった。後は、熱力学や化学反応の基礎的な理論だった。

コースだけでなく、独身で日本語がおできになるので、よくご一緒に食事やお茶に行ったことを覚えている。ただ、李先生と私は出る学会や読む専門誌が異なったので、卒業以来全く消息を知らなかった。苗字の英語のスペリングがLeeではなく、Liであることは覚えていたが、名前までは覚えていなかった。"Li Oceanography" で、インターネットで検索。一度でヒット！ Yuan-Hui Li、漢字名は李遠輝、日本名はテル（輝）。ハワイ大学の海洋学部を退官して、今は名誉教授。

さっそくメールを出す。そして、娘の結婚式でハワイに行った機に、再会を果たした。同じ1972年に李先生はスイスに、私はワシントンに移っていたのでハーバード時代以来三十七年ぶりであった。

ホノルルの空港まで迎えに来てくださり、一日街を案内していただく。お昼はドイツ人の奥様もご一緒に。奥様のご専攻は中国文化史。中国語も流暢で（かどうか私には判断できないが）、李先生とは中国語、英語両方で話されていた。お二人は我々が結婚した次の年、

1971年に結婚され、一度家内と私をディナーに招待してくださったことがあった。奥様にお目にかかったのはその時一度だけだったので、お顔も覚えていなかったが、お会いしたらすぐわかった。向こうもそうだったらしい。顔の記憶は人間の脳のどこにどのような形で残っているのだろう。日本にも一年ほど、研究にいらしたそうで、その頃は日本語も少し話せたけれどもう忘れたと奥様は言われていた。

その時は、植物園やハワイ大学、そして、帰りにワイキキ海岸に連れて行っていただいた。海岸を歩きながら、「そのむかし、元素の起源の話を地球化学のコースで習いましたね。あの理論は、たしかご夫婦の地球化学者でしたね。名前は忘れましたけれど」調べたら、バービッジ（Burbidge）夫妻（ジェフリーとマーガレット）だった。ウィリアム・ファウラー（Fowler）とフレッド・ホイル（Hoyle）と一緒に出した恒星中での元素の起源の論文は、四人の頭文字を取って、B2FH論文と呼ばれ、ウィキペディアにも出ている。

名前や内容は全く忘れているのに、提唱したのが夫婦の研究者だったことだけは覚えていた。当時、そのことが非常に印象深かったのだろう。四十年近く経って、また李先生との思い出話の話題となる。英語で地球化学の教科書をお書きになったと伺ったので、帰国してからさっそく注文。

Yuan-Hui Li, A Compendium of Geochemistry: From Solar Nebula to the Human Brain, (Princeton Univ Press 2000)。

475ページの大著。久しぶりに大学の教科書を手にした。学問にはご無沙汰してしまったなぁという一種の懐かしさが戻ってくる。地球化学のふつうの教科書だと思って、読みだしたら、初めの予想とは違った。学問の体系として主張がある。副題「太陽系星雲からひとの脳まで」が示唆しているように、時間・空間を超えてこの世の中を元素という化学種を切り口として見てみようという姿勢だ。

都城先生の本もそうだが、この李先生の本も一つひとつの分野の技術だけでなく、学問の体系を論じているのだと私は感じた。地球科学（chemistry ではなくscience の方）の学生は自分の専門に閉じこもる前に、こういう本で勉強して、学問全体の中で自分の足場をしっかりと確保しておくべきだ。鉱物学だ、結晶学だと私は専門を急ぎすぎたと、だいぶ遅すぎる反省をしている。

李先生、いい本をお書きになりましたね。敬服します。

李先生とは、今でもメールの交換もしているし、私が日本語で書いた冊子もお送りしている。ハワイから、今はコロラドに移られている。

魚地伸子先生

小学校二年の終わりに、それまで行っていた私立の小学校から世田谷区立の松沢小学校に転校した。この下高井戸にある小学校は、1887(明治二十)年、当時の松原村、赤堤村、上北沢村の三か村で設立。2017(平成二十九)年に創立百三十周年記念式典があったという歴史的な小学校だ。

その小学校の三年生から六年生まで四年間、担任の魚地伸子先生の元で、私は大いに成長した。六十人ほどの大きなクラスだった。それが、一つの学年で七組まであったので、今では考えられないほど大きな小学校だった。

仲のいい友人、そしていい意味での競争相手も多くできて、私の中に学校生活での自信というものが育ってきたのはその頃だ。それまで通っていた私立の小学校では眠っていたが、松沢にきて一気に目が覚めた感じで、学業でも部活動でも自分の能力を十分伸ばすことができるようになった。

放送部に入って学校放送をやったし、謄写版（ガリ版というのをご存知だろうか）で、クラスの新聞作りに熱中したこともあった。また、五年生か六年生の時に、先生からＮＨＫの子役のテストを受けることを勧められて、当時はまだ内幸町にあったＮＨＫまで行った。一次の面接はパスしたが、二次の実技で落ちた。もし、受かっていたら声優の道が開けたかもしれない？

今と違って、先生と生徒の学校の外での付き合いは自由だった。魚地先生は、休日に生徒の有志をいろいろなところに連れて行ってくださった。学校が下高井戸だったので、高幡不動、百草園、京王多摩川など、京王線の沿線が多かった。千歳船橋のご自宅にもよくお邪魔したものだ。

アメリカにいる間は、手紙だけだった。字を見ただけで先生のお手紙とすぐわかる。引退して帰国してからは、魚地先生担任の六年六組の卒業生は、クラス会を新宿や渋谷でよく開いた。先生があまり遠くに出かけにくくなられてからは、お住まいの町で、そして、外出が難しくなったら、先生のお宅でみんな持ち寄りで騒いだものだ。

先生は、しばらく前に認知症でホームに入られたと、義理の妹さんからお知らせいただいた。それまで七十年本当にありがとうございました。

イヒョンス先生

イヒョンス先生のお名前は、各国語で、이 현수・李炫受・Lee Hhyunsuである。先生は多摩市で、私が参加した韓国語講座の先生だった。開講に遅れて登録に行った私に、近くの喫茶店で特別に個人教授をしてくださった。おかげで、私は次の授業でクラスに追いつくことができた。そのことが日記帳に書いてあって、それを読んで大変懐かしく思い出している。

韓国ドラマの影響で韓国語を始めたのが多い女性たちの間に、韓国ドラマなど見たこともない男が二人という偏ったクラス構成であった。だが、クラスが終わると仲良く一緒に韓国料理屋に行っておしゃべりをするような、大変いい雰囲気のクラスだった。

初めのうちこそ、その講座でみんなとやっていたが、自分の話す時間は一回の講義でもそれほどはない。もっと効率的に勉強したい！　個人教授もなさると伺ってから講座はやめ、ご自宅にお伺いするようになった。

講座は歩いて行けるところだったが、先生のお宅に行くにはバス、電車、徒歩とだいぶ時間がかかる。しかし、毎回レッスンの日が楽しみだった。始めから終わりまで、先生を〝独占〟できるのだ！　レッスンも録音させていただき、帰宅してからも繰り返した。しばらく前、体調を崩したのでこの楽しいレッスンはやめたのだが、メールでは時々おしゃべりをしている。

もう韓国語はすっかり忘れたが、後期高齢者時代のひと時、言語そのものよりもその言語構造を知ることができて、本当にいい時間を過ごした。おもしろいのは韓国語と日本語は、語順の構造は非常によく似ていて、ほとんど単語を置き換えるだけで翻訳になる。その昔、単語は独特だが一つの言語から派生したのではないかと思うくらいだ。

異なっている点は、韓国語は分かち書きをする。言い換えると文節の間に空白がある。これは、外国人にとってはありがたい。またハングルという、子音と母音の字母を組み合わせた表音文字体系も素晴らしい。そういうことを学べることができたのもイ先生のお陰だ。

イ先生は韓国から日本に来られ、高校から日本で教育を受けられた。ご主人は日本の方。それで、先生の日本語は完璧だ。私が作品を出した焼き絵の展示会にも、お二人でいらしていただき嬉しかった。

マーシャル先生

マーシャル（Bertha Jane Marshall）先生は学校の先生ではなかった。高校のクラブ活動の一つ、英会話のＥＳＳ（English Speaking Society）で月に一回か二回講師としていらしていた。

ちょっと、十五、六歳の男の子を考えてほしい。体の順調な成長に、心の方がなかなかついていけない時期である。特に私のいたのは中高男子校だったので、女性に対する心構えに不安定なところがあった。私たち生徒の高校生は、この素敵な女性にすっかり参ってしまった。年齢でいうと二十代半ば、お姉さんであるが、憧れのような気持ちになる。職業としては、看護師の資格を持っていてバプテスト教会で宣教をしていらした。高校での英会話だけでなく、機会を作ってはマーシャル先生の宿舎でパーティをしていただいた。アメリカ人はこういうことをするのだとここでも感銘！　何でも感心するのだ。

私は高校を卒業して、ＥＳＳがなくなっても大学の頃は旅行の途中で、その頃先生のいらした京都の修道院に寄ってお目にかかっていた。学友に、マーシャル先生に会ったぞと自慢したものだった。アメリカに行ってからも、しばらく手紙の交換をしていたと思う。当時はまだ電子メールなどというものはなく、郵送の手紙である。いつの間にか疎遠になって、時々どうしていらっしゃるだろうかと思い出すこともあった。しかし、現実の生活に忙しくそのままになっていた。

今でも親睦会などで、昔の同級生の中ではマーシャル先生の話が出ることがある。高校時代のことを振り返って、マーシャル先生どうされているかインターネットで調べてみた。最初のヒットはバプテスト教会のページだったが、数年前に閉鎖され、古いページがどこかに保存されていたものだった。検索を続けるとケンタッキー州レキシントンという町のHerald Leaderという地方紙に訃報をみつけた。

２００３年の六月十一日にインディアナ州エバンスビルという町で、亡くなったとある。

行年七十二歳。Bertha Jane Marshall（1931–2003）。我々より十歳上だった。

日本の後、シナイ半島のガザでも、看護学校の校長をされていたという。１９７６年に現役を引退された後は、東ケンタッキー大学やベラ―ミン大学で教えたりケンタッキー医療センターで働いたりしていらしたそうだ。

マーシャル先生、若い我々の心に女性に対する憧れの気持ちを育ててくださって、ありがとうございました。あの頃、高校生だった私たちも八十歳を超えました。心からご冥福を祈ります。

第六章　昔の友達との再会

もとの本が見つからないので、正確な引用はできないが、記憶をたどると大筋次のような話であった。戦地で重傷を負った兵士が、九死に一生を得て戦後日本に生還。その生死の境をさまよっていた時に献身的な看護をしてくれた看護師の消息を、数年後偶然のことから知る。

そして、何年ぶりかの再会。長いこと気に掛かっていた礼を言うことができて、今日はいい日だったと、一緒に来てくれた妻にしみじみと語る。遠ざかっていく恩人の後ろ姿を見送りながら、しばしセンチメンタルな思い出にふける彼に、その妻が一言。

「死ぬ前にもう一度会っておきたい人は他には？」

たしか素人の随筆であったが、この最後が効いている。自分にはこれほどドラマティックな再会はないが、それでも長いこと日本を留守にしていたので、久しぶりに会った時の懐かしい思い出はいくつかある。そういう思わず性善説を信じたくなるような瞬間をくれた素敵な友人たちに心から感謝。ここではその幸福感のお裾分けを。

「あなたは親不孝な息子よ」

母親の葬儀、アメリカから急遽帰国、喪主として私は順々に弔問客に挨拶をしていた。そして、私の前に現れたのは二十七、八年ぶりで再会したその人。残念ながら、その時は個人的な話は全くすることができず、そのまま別れてしまう。

それから数年後、一時帰国した時に三十数年ぶりで会う。私に面と向かって、あなたは親不孝だったたと批判するのはこの人くらいである。どうしてそんな人と出会ったかという話から始めてみたい。

中学生の頃のことである。携帯電話もインターネットもない時代には、文通というものがあった。ペンフレンドとかペンパルは、もう死語だろう。差し当たり今でいうメル友に当たるだろうか。研究社の英語の雑誌だったと思うが、読者欄に文通を希望しますと出したら、何人かから手紙が来た。最初にくれて最後まで残ったのが、九州に住む同学年のこの人であった。他はだんだん欠けていく中で、その人との手紙のやりとりは高校・大学と続く。

初めて会ったのは大学の時、九州旅行の途中立ち寄った小さな駅の改札口であった。電話では話したことがあったので、声はわかっている。しかし写真も交換していなかった。さてどんな人が現れるか。

ご両親・妹さん・弟さんと家族の大歓迎を受けて、図々しくも泊めていただく。ご馳走攻めにあう。母上の料理に舌鼓。特に浜から上がったばかりの魚を刺身に作ってくださったのは絶品だった。

旧家で、床の間・欄間など造りが見事である。しかし、とりわけ印象的だったのは、二階にあった和式トイレ。日本家屋で、二階にあるというのも珍しい。広さは二畳くらい。畳敷きなのである。畳敷きのトイレも初めてだが、その上床の間まであって、花が生けてある。東京生まれ東京育ち、庶民の出の私には、大変立派に映った。きっとお城の厠はこのようなのではないか。殿様になったつもりで用をたす。

その後私が九州に行くことがあると会っていたし、その人が上京することがあると、母も一緒に食事などしていた。ある時三人で母の好きなトンカツ屋に行ったことがあった。

食べきれないので残すという。じゃ、ぼくがもらうよ。そう言ってもらって食べたトンカツはひと味違った。

そして、定期的な文通はその人の結婚を機にやめた。手紙を燃やすというのは小説などには出てくるが、自分でしたのは初めてで、その後も一度もない経験であった。ただふつうの付き合いは続く。ダンナを〝見せに〟二人で一緒に我が家へ遊びに来たことがあった。客好きの母が歓待して、昼食からお茶になり、そして話が弾んで夕食も食べていらっしゃいということになって、結局夜まで四人でしゃべる。十時間近く長居した訪問客は、ホスピタリティを売り物にする我が家の家系でも記録に近い。

心の中ではそう思っている人はいるかもしれないが、面と向かってあなたは親不孝だったというのはこの人ぐらいである。私も反論する。子どもが能力の限度まで自分を伸ばすように努力することこそ、それまで育ててくれた親への孝行の一つの形だ。一緒に暮らせるという理由で、安易なサラリーマン生活に甘んじることは、別の意味で親の期待に添わないことになる。

特に早くに戦死した夫の育った国へ息子をやって、ほらこの子をここまで育てましたよというのが母の気持ちだったのだと思う。と私は理屈を付ける。そうはいっても、一人息子が母親を日本に残してきてしまって、引け目に感じていることは自分でも認めざるを得ない。

中学生の頃から大学まで、ほとんど毎週手紙を交換していた相手である。一緒に成長してきたという共通の意識がある。だから三十年あまり会っていなくても、このように本音をぶつけて言い合えるのだ。

この時初めて聞いた。私の母と時々、温泉旅行に一緒に行ってくれていたらしい。あなたの代わりに私が親孝行しておいてあげたからねとは言わなかったが、私の負けである。心からありがとう。

「ご主人の名前はひょっとして……」

ロスアンゼルスで結婚して、ボストンの隣町ケンブリッジで生活を始めた頃のことである。アメリカに来たばかりの妻は、近くの高校でやっている「第二言語としての英語」のクラスに出ていた。そのクラスの日本人の生徒の一人から、「あなたのご主人、ひょっとして、ヨシカズさんっていうのじゃないですか」と聞かれたらしい。ふつうはケイイチと読む人が多い中、ヨシカズというのはかなり親しい人だ。旧悪露見？

話を変える。若い人をからかう時こんなことを言うことがある。「君たち覚えているかい。誰とどんな時だったか。生まれて初めて、二人だけで……」間をおくと静かになる。「生まれて初めて二人だけで映画に行った時のこと」。なーんだ。

生まれて初めて二人だけで映画に行った相手こそ、妻に私のことを尋ねたこの人。地球の反対側、異国アメリカの、それも日本からは遠い東海岸の小さな町ケンブリッジでの奇遇！

知り合ったきっかけは、伊豆七島の一つへの船旅。その人は高校三年生、私は高校二年生。共通の知人がいて紹介された。一緒に島を巡った後、帰りの船の中でほとんど一晩語り明かした。

もうお別れだ。どうしよう。実際はその後しばらくして、どちらが誘ったのか忘れたが、日比谷のスカラ座で映画を見る約束ができた。観たのはドイツだかオーストリアだかの映画だった。帰りに食べたのはカレーライス。それから十五年ほどの歳月が流れ、お互いにそれぞれの人生を歩き始めたところで、また再会したのである。もう一つの奇遇は、その人のご主人が私の中学の先輩であったこと。一学年二クラス。百人足らずの中学で同窓とは確率的に信じられない。

家族ぐるみといっても、男の子二人の四人家族に対して、こちらはまだ新婚ほやほやで二人だけだが、彼らの日本帰国まで近所づきあいが続く。

それから、さらに年月は流れる。我々はアメリカを転々、再びボストン郊外に戻ってきていた頃、ご主人と二人で米国留学二十五周年記念旅行の途中、我が家に立ち寄ってくれる。お互いに思い出話にふける。目の前に座っているこの〝おばさん〟の四十年前の姿を想像する。時々目が合う。向こうもきっと、この〝おじさん〟の四十年前の姿を想像しているな。しかし、そういう心の底の思いとは反対に、会話はたいそう現実的である。

「なんか、この頃腕が上がらなくなってね」「それ、きっと五十肩よ。あたしもひどかったのよ」

「だって、トイレがないかもしれないから」

最後に会ってから、三十年になるだろうか。久しぶりというにはちょっと長すぎる。妻と私はボストンから、その人は英国のケンブリッジから、日時を合わせて東京で再会ということになる。

また、あの植物園を歩いてみたいという。その最寄りの私鉄の駅の改札口で待ち合わせる。現れた。すぐわかる。お互いに年輪を重ねて、〝体形〟も変わってきてはいるが、話しているうちに気持ちは学生時代にタイムスリップ。

初めて知り合ったのはその人が高校生で、私が大学生の頃だった。東大では学生の活動の一つに、高校生相手のサマースクールがある。場所が三四郎池や御殿山グランドなど本郷のキャンパスであることと、相手が年齢の離れた先生ではなく、年代も兄や姉に近い講師なので、高校生の中では結構人気があった。特に私立の女学校の生徒が多かった。

生徒と講師はプライベートに付き合ってはいけないことになっていた。それでサマースクールが終わって、〝卒業式〟の後「わーい、終わったぞ」と、みんなでコーヒー屋へ。もう生徒と講師ではないから、プライベートな話もいろいろ。我々への鋭い質問もある。

そして住所を交換する。

今、植物園を一緒に歩いているその人と、私は同じ町に住んでいることがわかった。

「じゃ今度遊びにおいでよ」と言ったのか、「遊びに行ってもいいですか」と言われたのか覚えていないが、とにかくサマースクールが終わってから我が家に遊びに来た。

そしておそらく本人は覚えていないと言い張るだろうが、ハンカチを忘れていったのである。それってありふれた手でしょという意見もあるかと思うが、今度はこっちの出番とばかり、いそいそと返しに行った人も存在したのもまた事実。売られた喧嘩は受けねば男が廃る。

しかし訪ねてみると、本人は不在で、勧められるまま上がり込んで、お母さんとしゃべり込む。また遊びにいらっしゃいよという挨拶を額面通りに受け取って、それからもちょくちょく遊びに行く。何しろ、散歩の圏内なのだからすぐ足が向く。本人よりもそのお母さんとしゃべって帰ってくることが多かったかもしれない。

「〇子さん、いますか」「まだ帰ってきていないのよ、あがって」井の頭線永福町駅の南と北、永福町と和泉町。その人の家は我が家から歩いて十分くらい。散歩と称してよく遊びに行った。当の本人はまだ学校から帰っていないのに、上がり込んでそのお母さんと何をしゃべっていたのだろうか。私は二十歳過ぎ、相手はおそらく三十代後半だったのだろう。年の差を超えて話ができるとは、ひょっとして私にはセールスマンの素質があったのかもしれない。道を誤ったか。

そして、いよいよである。「今度の休みの日、○子ちゃんを植物園に連れてってもいいですか」「じゃ、あたしが聞いといてあげるわ」母親の取り持ちで、何事もなく次の休日に二人の植物園行きは実現したとばかり思っていた。

三十数年後、同じ植物園。妻も一緒に三人で歩きながら私は事実を知った。「あの時ね。あたし、母に嫌だって言ったんです」えっ、本当は嫌だったのか。「だって植物園にはトイレがないかもしれないでしょ」お母さん、私の代わりに説得してくださってありがとう。

その昔、この母娘は二人でピアノの連弾など聴かせてくれることもあった。我が家には音楽の気は全くなかったので、私には特に印象に残った。母と娘というより姉と妹の感じがした。

向こうも一人娘、私も一人息子。私は母を亡くして間もない頃だったので、手紙のたびにご両親を大切にしないといけないよと書いたらしい。何度目かの手紙で、あなたも随分お説教をするようになりましたねと言われた。自分の親不孝を棚に上げてとは言わなかったが。

その人が一時帰国した機会に二人でご母堂のお墓参りをしたことがある。墓参日和というのがあるかどうか知らないが、素晴らしい春の午後、青山墓地を一緒に歩く。何年か前へタイムスリップ。私のような若造をかわいがってくださって、ありがとうございました。感謝感謝という気持ちで一杯だ。

我が家では法事は神道でする。だから仏壇はなくて、神棚。線香より榊の方が馴染みがある。その人の家も神道であった。榊を供える。合掌の代わりに、忍び手で二拝二拍手一拝。

我々が結婚してボストンの隣町ケンブリッジに住んでいた頃、大学を卒業したその人から、これからフランスに行きますという便りをもらった記憶がある。その後イギリスに渡り、今のご主人と知り合う。本人はケンブリッジ大学で教え、ご主人は国連の自然保護の仕事で、ガラパゴスに数年、そしてその時はモンゴルとふだんは別々の生活。休みになると、ロンドン・東京・北京・ウランバートルと飛び回っているらしい。文字通り世界を股にかけたご夫婦である。

我々が日本に帰国してからのことだが、ご主人と一緒に我が家を訪ねてくれた。たまま、日本で仕事をしていた長男夫婦も交え、六人で囲んだ食卓の会話の楽しかったこと！ご主人は英国人、長男の嫁は中国系米国人なので、共通言語は英語。その人と私、二人で話す時も英語になることもある。ふだんは日本語を母国語とする日本人に向かって英語で話すのは、かなり抵抗を感じるのだが、相手の日本人離れした自然な発音に引き込まれ、こちらも英語になる。

いつかロンドンに行って、キューガーデン（王立植物園）を一緒に歩くことがあったら、英語でしゃべろうか。その時までに確認しておいてね。キューガーデンに公衆トイレがあるかどうか。

「X子で〜す」

留守番電話のランプが点滅している。録音を聞いてみると、いきなり「X子で〜す」ときた。ファーストネームで名乗る女性の心当たりを思い浮かべる。そんなに悪いことはしていないので、慌てる必要もないのであるが、人違いだってこともあるもんね。家庭争議の元にならないように、まず真相究明が第一だ。

「小学校の時一緒でした」と続いたので、あーそーかと納得。以前にも書いたが、私は中学・高校は男子校。大学も実質男だけ。それで、女性の学友となると小学校だけになる。数は少ないが卒業以来ずっと続いている友達も何人かいる。そういう小学校の友達とは、日本とアメリカに離れていても、ずっと音信があった。同学年でも私より誕生日が先の人にお祝いのメールを送ると、「そうなのよ。またしばらくの間おネーサンになってしまったわ。早く追いついてね」などと返事が来る。

「X子で〜す」は、ちょっと違う。最後に会ったのは二十代の前半。それ以来消息不明であった。六年生の時転校してきて、何カ月しか一緒ではなかったが、大学の頃、一時結構親しく行き来していた友人である。四十三年ぶりに聞く声である。声の質というより話し方で思い出す。

学園祭に誘ったことがあった。家まで迎えに行って、ご母堂には夕方までに帰ってきますからと約束。ところがコーヒー屋（本当にですよ）でしゃべりこんでしまい、気がついたらだいぶ遅くなっている。慌てて戻って謝る。減点一。

今度はお父上の方である。お正月だったと思うが、遊びに来てというので出かける。もう一人、小学校の時の級友も来てきて、みんなで歓談。「君たち反対みたいだね」といわれる。彼は慶応ボーイであるが、黒の詰め襟学生服。私は東大に入ったばかりで学生服離れの時期、スカーフに真っ黄色のシャツに柄物のジャッケット。日銀の厳格な銀行マンの父上からみると、たぶんこの不良学生めということで、減点二。

そういう減点にもめげず、全く悪びれることもなく、行ったり来たりしていた。ある時、これから出かけるから一緒に来てよと言われる。ダンスの練習だという。スタジオに行ってみると、クラスは違ったが小学校の同級生がいるではないか。当時、私はダンスなど馬鹿にしていた。二人が踊るのをただ見ているだけで、練習が終わるとエスコートして送り届ける役。人生にはピエロの役も必要なのですよ。

新年の挨拶に着物姿、日本髪で遊びに来たことがあった。馬子にも衣装などと言ってはいけないだろうが、ちょっと、ハッとする。髪に挿した稲穂のサラサラと揺れるのも風情がある。え、えーっ！　これがいつものX子ちゃん？　ちょっと見直す。母と三人でおせち料理を食べながらこたつでおしゃべり。帰ってから、母が言う「X子ちゃん、今日きれいだったね」まあね、ボクの友達だ。あんなもんだよと何となく自分のことのように嬉しくなる。

大丈夫だ、この分ならお嫁に行ける。と思っていたら、ほんとに行ってしまった。しばらくしてもらった年賀状にあった。「あなたと同じで、慶応病院で初めての子を出産しました」正確には「私は生まれ」、「あなたは産んだ」。受動態と能動態の違いだ。

日本に帰国して、卒寿になられるご母堂とお話しする機会があった。お嬢さんは今、九州の島に住んでいるという。時々、東京の実家にも来るらしく、それで四十年ぶりの「X子で〜す」になったのである。お母さんの介護の手伝いで上京すると電話をくれる。時間があれば会って、長年のご無沙汰を取り戻すべくおしゃべりをしている。

逆に、今度はX子の住んでいる九州の島を、家内と二人で訪ねたこともあった。島の観光をした後、夜はごちそう攻め。私は、ふだんアルコールは飲まないのだが、その時は土地のお酒のお湯割りをもらって、本当に美味しいと感じた。後にも先にもあんなことはなかった。

ある日、宅配便でミカンが届いた。その人が今住んでいるところの特産なのだそうだ。ポンカンというのは知っていたが、タンカンという柑橘類があることは知らなかった。美味である。五十年の年月が重なって一層甘酸っぱく感じるのかもしれない。今年もまた、タンカンが届いた。

「もう、会いたくないの」

まず、数少ないガールフレンドの中で、覚えている限り初めの頃の人。小学校二年生の時、初めて会い、三年生になって席が一緒になった。今は、一人机を二つくっつけて並べるのが多いようだが、我々の頃は、横長の机で、文字通り同じ机に二人だった。その人はしばらくして私立の小学校に転校したので、同じ学校だったのは一年ほど。しかし、その後も付き合いは続き、遊びに行ったり遊びに来たり。それ以来、大学に行っても、両方共結婚して子どもができても、ずっと仲良しのまま。アメリカから出張で、日本に帰国すると、よく食事に誘ってくれた。外車で迎えに来て、すごい会員制のレストランに連れて行ってくれ、いつもその人のおごり。

ある時、階段踏み外して怪我をして会いたくないというので、それからは、電話が多くなる。最後に話した時、「あのね。私、乳癌の末期なの」怪我というより本当は、たぶん抗癌剤を使い始めて、容貌が変わって会いたくなかったのだろう。この時は、三十分くらい話したと日記にしるしている。その次、電話した時はお嬢さんが出てこられて、母はもう電話に出られないと言われる。

しばらくして、前にも何度かお目にかかったこともあったが、ご主人から悲しい知らせの電話。すぐお悔やみに行って、ご主人やお嬢さんとも思い出話。家内と一緒に行った偲ぶ会では、もう一度思い出にふける。小学校から七十歳過ぎまで、長いお付き合いだった。

ご母堂にもかわいがっていただいて、大学に入ってからだったが、大橋クン（当時、男の子は君付け）は小さい時ははしゃでいる方だったけれど、成長したら落ち着いてきたわねとしみじみと言われた記憶がある。

全く物怖じしない子どもで、大人相手に結構いろいろなことを話していたのだろう。

「みんなおおきくなったね」

次の話は、何年とか、時には、何十年ぶりとかの再会ではない。ただし、人数が多いのである。場所は新宿の香港料理屋。参加者は若い女性三人と、妻と私の五人。

私はボストンの本社から、年に何回か日本支社に出張していた。大口の顧客企業を訪問するためであった。時間が空くと日本支社の若い、特に女性社員とお茶に行ったり食事に行ったりしていた。逆に、彼らがボストンの本社に打ち合わせや訓練などでくると、我が家でホームパーティをすることが多かった。それで家内も顔なじみなのだ。

その時の食事はいつもとちょっと違って、私の退職と日本帰国の挨拶という意味もあった。テーブルの向こうに座っている三人を見ていると、いろいろな記憶が思い出されて、胸がいっぱいになる。

私がその人たちに初めて会った時、一人は既婚だったが、二人はまだ独身で、初々しい印象がしていた。間もなく結婚して、子どもができ、立派な一人前の女性に成長していった。それを実時間で観察できたことは私の幸せである。今でも時々旧姓で思い出して、あれ今の名字は何だっけと思うこともある。

今は、三人とももう会社は辞めて他の仕事をしている。コロナ禍でこのところ会っていないが、メールではいろいろな話をしている。向こうは子育て、こちらは加齢の話題が多い。


「楽しい三角関係」


男二人、女一人の話である。私ともう一人の男性は大学の同じ学科。そして、その男性と女性は高校の同級生。さて、それではその女性と私が知り合ったきっかけは？

私の母は、仕事としては洋服のデザイナーだったが、一方、趣味で布を使った造花を家で教えていた。その人は造花の生徒だったのである。生徒は全部女性。ただ一人の男である私は自室に引っ込むなどということはせず、おしゃべりだけに参加。レッスンが終わると、コーヒーなど淹れる役を果たしていた。

そして、私は渡米、母も年取って造花のクラスもなくなり、その人の行方もわからなくなった。四十年の年月が流れる。引退して日本に帰国したら、大学で同じ学科だった友人たちがお前の帰国記念の会をと渋谷で一席設けてくれた。二人が同じ高校だったことを思い出したので、今あの人どうしていますかと、住所を教えてもらった。

家内と二人の写真を入れた年賀状を出してみる。すぐ返事。「今年の年賀状の中でもっとも感激、すごく嬉しく思いました。お二人ともお写真でよくわかりました」と返事と共に、私の母と一緒の写真などを送ってくれた。造花クラスの頃は、まだ結婚はしていなかったが、私の妻も年中我が家に遊びに来ていたので、会ったことがあってお互いに知っていた。

付き合い復活。話をすればするほど、共通の趣味があることが判明。散歩が好き、植物を眺めるのが好き、そして、それの写真を撮るのが好き……多摩にも来てくれて、モミジバフウやメタセコイヤの並木道を一緒に歩いた。さらに、AppleWatch, iPhone, iPad まで同じで、話し始めたら終わらない。

違うところは、その人は調理科学が専門で、現役時代は食品の会社の研究室で商品開発をしていた。引退してからも、地方の佃煮会社の顧問などして、佃煮を送ってくれたり、最近はアフリカ産の天然塩を「海の卵塩」と呼んで、製品化するのを支援している。もらったサンプルを試すと確かにいい。

ほんの偶然で知り合っただけで、全く個人的には付き合いのなかった人と、こうして何十年も経ってから、親しく行ったり来たり、メールや絵葉書の交換をしたりするようになる。人生とは不思議なものである。

「おっ、半世紀ぶりだね」

昨年、2022年の末のことだった。新宿駅は西口の交番前で、昔の友人と待ち合わせた。実に五十二年ぶりの再会！ 半世紀前、私はまだハーバードの大学院生、彼は日本から研修に来ていた公務員だった。研究室も近かったし、なんといっても、共に一人ぼっちの生活。外国語環境のやや緊張した一日を過ごした後、慣れた言葉で話すほどほっとすることはなかった。夕食などよく二人で出かけていた。

そして、私は学生結婚をする。すると今度は、週末の食事は大学の夫婦用アパートの一室で、妻の作った日本風夕食を三人で。そして、食後は決まってトランプや花札を、これまた三人で。休日には車はないので、バスや電車で行ける範囲を三人で名所見物。

やがて彼は帰国、私は卒業で、二人ともボストンを離れ、音信はほとんどなくなる。今頃何をしているのだろうと思うことはあっても、昨年までそのままで過ごしていた。それがたまたま同じ役所から来ていた別の友人に尋ねたら連絡先がわかった。メールを出してみる。五分ぐらいで返事のメール。それに私が返事。三十分足らずの間に往復メールが何通か続く。

結局会おうということになった。三人共に年相応に見かけは変わっているのだろうが、実際に会って話していると、雰囲気は全く昔のままだ。そうだった、そうだった。こんな感じだったなぁと感激。暖かくなったら、今我々がどんなところで、どんな生活をしているか見に来てほしい。今度は家族で会おうね。

「人生ってどうだった?」

学友として、仕事仲間として、あるいは、趣味の仲間として、人間一生の間にいろいろな人と出会う。そして、いろいろな人と知り合いになることで、私自身成長してきた。仲良しになると同時にまた、ある距離を置いて付き合うことをも学んだ。そういう節度の美学を貫いたことで、何十年経ってからでも再会が楽しい思い出に重なる。誰とも深い間柄にならなかったのは、別に品行方正だったからではない。もっと利己的な理由がある。

若い頃は、お互いに自分たちの将来について、理想を熱く語る。私自身、研究者としての生き方を目指していて、そのためには独身でいいとまで考えていた。別にニュートンを気取るわけではないが、私生活に時間と気力をとられることを恐れていた時代もあったのである。アメリカ人の友達と研究生活のためには私生活は努めて簡潔にすべきであるなどと意気投合していた。

若かったから、もちろん惹かれそうになることもあり、ほのかな思いを感じることもある。しかし、自分の人生の方向を変更してまで、二人で一緒にいようという選択をするところまではいかなかった。大切なのは自分の将来。自分の進む道に見込みをつけることこそが最優先である。ある時期、それはアメリカに留学することであり、その後は博士課程を終え、独り立ちの研究者になることであった。そういう目標に比べたら、浮かれた恋愛感情なんぞ比較にもならぬ。問題外である。

自分でも思う。私は冷たいところがある。しないと決めたことはしない。すると決めたことはする。ふだんは流れに身を任せるいい加減なところもあるが、大筋のところはデジタルで0か1。中間はない。

今にして思えば〝青かった〟のである。そして、そのような一途な（的外れとまでは思わないが）人生観を一変させてくれた人との縁に私は感謝している。神様（縁だから仏様?）って、なかなか粋なのですね。

ここに書いたように、人生の前半の独身時代に知り合った友達にまた会ってみようという気になる大前提は、結婚後の充実した人生にある。二人の世界をつくり、反対に一人の人間として成長することで、お互いの可能性を伸ばすことができたし、多少大げさに言うと何か生きる自信のようなものができてくる気がする。やがて、子どもができて、子育てのおもしろさを堪能する。

何十年か経った今、人生の総決算の時期に当たって、昔の友人に再会して僕はこういう人生を築いてきたよ、あなたはどうだったと報告しあってから死にたいという思いが非常に強くなった。そのような人生の整理という意味での再会に、迷惑だろうとは思うが妻にも立ち会ってもらうことが多い。
「死ぬ前にもう一度会っておきたい人は他には？」とこそ聞いてはくれないけれど。

第七章　ところ変われば

日本と米国で暮らしたため、その国に滞在する許可、国籍、失職、就職などでいろいろ予期していなかったことが起こった。そのことをお話ししよう。また、両国での考え方の違いについてもご覧いただきたい。

在留許可

私は日本生まれの日本育ちの日本人。日本国籍を持っていた。過去形になっているのは、その後国籍を変えたからである。

日本から米国に行くには、まずアメリカの入国許可証がいる。そして、住むには在留許可証がいる。二十六歳の時、アメリカの大学に留学した。その時もらった査証（学生用のF－1ビザ）で、四年間滞在した。学位取得後、ポストドクトラル・フェローになるための訓練期間として、ＯＰＴ（Optional Practical Training, 任意実務トレーニング）という資格で滞在の延長をする。これは専攻した分野と関連のある職種で、企業研修ができる制度である。ただし、これは最長一年まで。

さらに、研究を続けるために就労ビザを申請する。ところが、私の研究分野は米国人がたくさんいるという理由で、移民帰化局（ＩＮＳ）から認可しないという通知が来る。私のいた研究所の所長は、大丈夫だから心配するなと言って、司法省宛に研究所にどうしても必要な人材だと、かなり大袈裟な手紙を書いてくれる。やがて、一年だったか三年だったか期限付きのビザが来る。お役所は何処も同じで、所長から直々の申し出は断れないのだろう。

その後、永住権（グリーンカード）をもらったので、ビザの心配をすることなく、居たいだけ居られることになる。

米国籍と日本国籍の間で

大学で教えながら、研究すること数年。アメリカでは大学自体は研究費を出してくれないので、外部からとってこないといけない。幸い、国立科学財団（ＮＳＦ）の出す科学研究費は、国籍に関係なく応募できるので、私もずっと申請して授与されていた。

同じ国立の機関でも、研究費の申請者に米国籍という条件をつけているものもあって、大学の同僚の勧めで、私は米国籍を申請する。四十歳で米国に帰化して、米国の国籍証明書と旅券をもらう。

時は経ち、定年退職して日本に帰国。ここで問題が発生する。日本の国籍法では、米国籍をとった時点で、私は日本国籍を自動的に喪失したことになった。それで、私は米国人として、外国人登録をして、日本国籍の妻の配偶者の資格で、滞在許可をもらった。国民健康保険でも、妻が世帯主で私は家族の一員に過ぎなかった。

滞在の延長も、初め一年、その次は三年、そして、ついに永住権が出た。日本に永住できる権利である。永住はできても、一番悔いが残るのは選挙権のないこと。自分の考えを国政や自治体に反映することがかなわない。住民として権利の要求、義務の遂行など、責任ある市民となるために、日本への帰化を申請することにした。

それで、ドナルド・キーン（1922–2019）のマネをしたわけではないが、帰化申請書類の準備を始めた。アメリカ国籍を取った時の方がずっと簡単だった。

アメリカの場合は、申請書と簡単な履歴を書き、米国籍の紹介者が二人必要。過去のことはあまり問題にせず、現在の状態がしっかりしていればいいということだろう。最後は裁判官の面接を受ける。議会制度や米国憲法について簡単な質問をされた記憶がある。答えられなかった質問で覚えているのは、「ペンシルベニア州の知事は誰ですか」。これは、意表をつかれた。国籍についてだから、大統領や副大統領は覚えていたが、州知事ときたか。先代の州知事は覚えていたのだが、現在の州知事の名前はど忘れしていた。しかし、無事パス。テレビコマーシャルで、政府がアメリカ国籍を取りましょうと宣伝している国だから、ふるい落とすというより拾い上げるという姿勢である。

日本国帰化の手続き準備は、大変手間がかかった。しかし、面倒に見えると、それだけ逆によしやってやるぞと元気が出てくる。ちょっと、女性に向かう心持ちに似ている。もっとも、それは若い頃の話だが。

帰化申請書、親族の概要、履歴書（誕生以来ずっと）、帰化の動機書、生計の概要、自宅付近の地図、近隣で親しくしている人の情報など、自分で記入するものだけで、十ページを超し、それに本人の写真、戸籍謄本、卒業・収入・納税・国籍などの証明書の添付が必要。幸いなことに、法務省の本省まで行かなくとも八王子支局が南大沢にあるので、何度か予約を取って相談に行って、書類を修正したり新たに証明書を取り寄せたりした。

動機書

書類の準備で一番考えたのが、動機書。何故、帰化したいのかを説明する文書だ。他の書類は印刷したものでいいが、動機書だけは手書きの自筆という条件がついている。

この本の読者には全く役に立つことはないだろうが、苦労の跡を見てほしい。審査官も、全く予備知識なく読みだし、状況を把握するまで、落ち着かないだろう。最初の段落を読んだだけで、全体の状況がわかるように、書き出しが決め手だ。さらに、私の場合、ふつうの帰化と違って、日本が好きだから日本人になりたいでは済まない。まず、何故、国籍を捨てたのか、そして、何故また取り返したいのか。納得のいく説明が必要だ。いくつかの段落に分けて、狙いを定める。次のように始めた。

古稀を迎えて、生活の姿勢を見直そうと考えた。祖父母、両親が眠る多磨霊園も自分が入るまでは守っていかねばならないし、おそらく、今住んでいるところが、終の棲家になるであろう。再度日本国籍を得るために帰化の手続きをする決心をした。

（陰の声：古稀→老人、多磨霊園→安住の地、それに、再度→元日本人と、審査官のマインドセットをしようという魂胆）

二十六歳で、生まれ育った日本を後にして、米国留学。学位取得、在米のまま、ポストドクトラル、大学奉職と、順調に、研究者・教育者としての人生をスタートした。以来、三十六年近く、人生の活動期を米国で過ごす。渡米以来、二十年以上日本には一度も帰国しないくらい順調にその国に適応した。

ただ、一つの障害は政府関連の研究費申請や主任研究者に要求される米国国籍の資格。責任あるグループリーダーの年代になり、大学関係者や同僚の勧めで、四十歳の時米国の国籍を取得した。それで、研究費獲得や転職機会の活用も順調に進む。何度かあった大統領選挙や地方自治体の選挙にも投票。裁判員制度にも積極的に参加した。

と、動機書の中では、略歴とともに、外国籍を取得した理由、いかに、現地の社会になじんでいったかを強調する。

還暦を過ぎた頃、東京杉並の実家に住んでいた叔父が脳梗塞で倒れ、その介護や家の管理、そして、自分たちの余生の過ごし方を考えて、日本帰国を決心。退職し、米国での生活を整理、八年前帰国。叔父を看取り、相続を完了。家屋敷を処分、昨年、多摩市のマンションに転居。新しい老後の生活を始める。

何故、日本に戻ったか納得させたい。そして、一時的帰国ではなく、日本社会に根を下ろす覚悟を印象づけたいので、さらに続ける。

多摩ニュータウン学会に入会、街づくりのライフサイクルの研究、また、ヤト、ハケ、ママなどの地域特有の地形や、里山に関心を持つ。炭焼き倶楽部に入り、循環型の生活を学ぶ。現在、マンションの管理組合の理事長を務める。

そして、結びである。

このように、新しい環境に適応しようとする時、一番悔いが残るのが、選挙権がないことである。自分の考えを国政や自治体に反映できない。住民としての権利の要求、義務の遂行など、責任ある市民となるために、日本への帰化を申請したい。

と締める。

最終的に提出した時、「数カ月かかりますが、そのうち法務省の担当官から面接の連絡があると思います」と、法務省東京法務局八王子支局の係官は言っていた。ところが、間もなく、「昨日付で帰化が認められ、官報に載り、身分証明書が発行されますから、受け取りに来てください。それを持って多摩市の市役所に行けば、戸籍を作成してくれますから」と連絡があった。最終面接は省略されたのだろう。私の担当になってくれた事務官も、元日本国籍の人が帰化申請をするケースを扱ったのは初めてですと言っていた。

もともと縦書きの官報だが、この部分だけは、横書きで組まれ、横向きに表示されている。そうか、今までの正式の名前は漢字ではなく、カタカナだったか。国が変わるたびに、漢字→ローマ字→カタカナと変わったが、新戸籍でまた漢字に戻った。

三十一年間、〝アメリカ人〟だったわけだが、まず私の新しい戸籍を多摩市に作り、次に、杉並の旧戸籍から家内を移籍して迎い入れた。新婚のようだと言ったら、冷ややかなまなざしを向けられた。女は覚めていて、男の方が夢を追いがち？

もう一つ、戸籍係の人に、住所は豊ヶ丘であるが、戸籍は豊ケ丘だと言われた。戸籍には、小さな「ヶ」や「ッ」はだめなのだそうだ。実際に、全国の自治体の正式な地名には「ケ」が、「ヶ」「ガ」「が」より圧倒的に多いという報告まである。世の中、こんなことを調べて、レポートする人もいるのだ。

クビの切られ方

自分自身が経験した人員整理の話をしよう。石油会社の研究所は、景気のいい時はものすごい勢いで拡張していたが、原油の値段が一バレル十ドルを切ったら、いろいろな部門の縮小を始めた。研究所長も辞めた。私を雇ってくれた時の課長も辞めた。研究所の規模も、二、三割縮小された。ある日、といっても、もう発表があることはわかっていたので、突然ではないが、呼ばれてお前のプロジェクトはなくなると告げられた。

私はその時、五十歳。まぁ給料もある程度になっているし、他の会社でそれだけ払う余裕のあるところはそんなに多くはない。自分のことよりも家族のことが気になった。長男は大学一年生、日本流で数えると、次男は高校二年、長女は中学三年。これから先、教育費も掛かるという時期だった。

実は、だいぶ前から、もうこの会社に見切りをつけ、密かに就職活動を始めていた。しかし、自分で辞めるより、会社都合での方が退社条件が格段にいい。上司にはそれとなく、辞めてもいいと言っておいた。たぶんそうした方が上司も人選が楽になるだろうと思ってである。

失職というショックを少しでも和らげるために、会社としては何をしてくれるか。一時金はだいぶもらった。それに、実際の勤続年数に何年分だか足して、退職金などの計算をしてくれた、そのおかげで「退職」ではなく、永年勤務による「引退」の条件を満たしてしまった。そうすると、健康保険や生命保険は終身（実際には国の老人保健の始まる六十五歳まで）、会社で面倒を見てくれることになった。だから、日本に帰国する直前まで、十年以上も、もはや働いてもいないその石油会社が掛け金の会社分を払ってくれていた。

長期的なことはそれでいいとして、差し当たりどうなるか。明日からもう会社に来なくていいですよでは終わらなかった。翌日から別のところにオフィスを借りてくれた。秘書の女性も数人いるし、庶務のおじさんもいる。コンピュータ・プリンタ・電話・ファックス・文房具などもある。フルタイムでの職探しだ。履歴書の書き方からタイプまで面倒を見てくれるし、電話の伝言も受けておいてくれる。職探しのデータベースもオンラインでつながっている。

さらに、それまで一緒に働いていた仲間もたくさんいて、雑談したり職探しの進行の具合などを聞いたりすることもできる。時々、いろいろなセミナーなどもある。失業保険のもらい方、税金の計算から心理カウンセリングや自己啓発のようなものまで。実は、これは職のなくなった人間の求職活動の面倒を見る専門の会社なのだ。大きな企業が大量のレイオフをする時によく使う。世間の景気が悪くなると、仕事が増えて、自社の景気はよくなるという因果なサービス会社だ。

いくら一時金をくれても、後は知らないよと放り出されるより、そういう物心両面で支援をしてくれるサービスはありがたかった。もっとも、これも費用はもとの会社がこのサービス会社に全部払っているわけだけれど。

それに、後の話だが、このサービス会社が古い法律を見つけてくれたおかげで、新しい会社に移るためにダラスからボストンまで引っ越す費用は、すべて国が払ってくれるというおまけまでついた。世界経済の影響で会社が人員整理をする場合、その対象になった社員の移転費用は国が補助するという法律を見つけてくれたのだ。

職探し——ヘッドハンターのこと

私の場合、自力で探したというより、実際にはシリコンバレーにあったヘッドハンターから声が掛かって、次の仕事が見つかった。

ヘッドハンターのことを話しておこう。俗にいうヘッドハンティングとは、首狩りのことだから印象は悪いが、単に人材紹介というよりキャリアプランナーの傾向が強い。私に声を掛けてきたのは、カリフォルニアのサンホゼにある環太平洋諸国（といっても当時はほとんど日本だったが、その後で韓国や台湾、中国とのビジネスも増えてきた）の人材を専門とする会社。どこからか私の履歴書を手に入れて、こいつは儲けられると電話をかけてきたのだ。

技術者を探していたのは、ボストンにあったベンチャー企業で、当時はまだ社員は百人ちょっとしかいなかった。日本の企業との共同開発のプロジェクトを増やそうと、日本の言語や習慣がわかって、かつ、技術的な議論ができる人間を捜していたわけだ。

会社はボストンで私はダラス、ヘッドハンターはサンホゼと北米大陸の端と端。ヘッドハンターの会社の社長とは電話でしか話したことがなかったが、これこそプロフェッショナルという感じの人だった。相手の会社に私のことを何と売り込んだか知らないが、すぐインタビューしたいと連絡があった。その前日、ヘッドハンターから電話。いろいろ細かいアドバイスの後、「いいか最後が肝心だぞ。別れる前に握手をするだろう。その時、相手の目を見て一つ深呼吸。この会社で働きたいということをはっきりお前の言葉で伝えろ。それが相手の耳の中で余韻になって響くように」途中でどんなにいい印象を与えても、最後がダメだったら大きなマイナスだというわけだ。

そのインタビューで私の世話をしてくれたのは創業者の一人、上級副社長の女性だった。私はヘッドハンターのアドバイス通りにした。別れの握手をして、彼女の目を見ながら考えていた通りの演技をした。しばらくして、オファーがあった。

決定論と独創性

鶴見俊輔（1922–2015）という哲学者がいた。私より、二十歳近く年上で、以前、岩波の「図書」にこの人が連載していた「一月一話」を毎号楽しみにしていた。後に、『思い出袋』として岩波新書（2010）になっている。

おこがましくも、こんなすごい人と人生の重ね合わせをするつもりはないが、表面的には、多少類似しているところがある。東京師範学校附属小学校（現在の筑波大学附属小学校）から、府立高等学校尋常科入学、東京府立第五中学校（現・都立小石川高校）へ編入。十五歳で、アメリカはマサチューセッツ州コンコード町ミドルセックス・スクールに留学。ハーバード大学哲学科入学。

大学の最終学年に、太平洋戦争勃発。無政府主義者として逮捕される。拘置所から提出した論文で卒業。日米交換船で帰国。

戦後、スタンフォード大学から招聘されたが、原水爆反対運動をしていたため、米国への入国を拒否される。その後、一度も渡米していないという。ベトナム戦争期は「ベトナムに平和を！市民連合」（べ平連）の中心的な人物として活躍した。

自称不良少年。自分で書いた書物には実際以上に悪がっている節もあるかもしれないが、日本の既存の枠に収まっていられない少年だったのは事実だ。父親（官僚・政治家、鶴見祐輔、1885–1973）、祖父（医師・官僚・政治家、後藤新平、1857–1929）、それから、厳格な母親の醸し出す良家の雰囲気に対する反抗があったとしても不思議ではない。

その父親によって、中学を出るとアメリカの高校にやられる。Preparatory School（縮めて、Prep School）といわれるが、大学受験技術の予備校ではなく、本来の意味で大学に進む準備をするための私立の高校である。日本の旧制高校も、このリベラルアーツ色の強い教育に範をとったのだろう。ヨーロッパの影響の強い米国東海岸には、歴史のある有名なプレップ・スクールがいくつかある。宗教も特定の宗派を排除し、個々の生徒の素質を見出すことを使命とするリベラルな中・高等教育機関である。

そして、鶴見俊輔は開眼。変身するのである。一年足らずの間に、大学入学資格試験に合格、十六歳でハーバード大学に入学、トップクラスの成績で、十九歳で卒業する。早く入学して、三年で終わったので、ふつうなら大学に入る年齢ですでに卒業している。

不良少年を模範少年に変身させたのは何か。平たくいうと、物事にとらわれないアメリカの自由な空気、もう少し学問的にはプラグマティズム（実用主義、実際主義）が著者の価値観にピッタリだったのだろう。

本人は言う。「自分の定義で捉えることができない時、経験が定義のふちをあふれそうになる。あふれてもいいではないか。その時に手応えがあり、その弾みを得て、考えが伸びてゆく。明治以後の日本の学問には、そういうところがあまりなかった。試験のための学習はそういう弾みをつけない。(中略)その定義にすっぽりはまる快感が弾みとなって学習が進む」(『思い出袋』三十六ページ)

だいぶ長いが日米の差の本質を捉えているので引用した。当時の日本の教育では正解が常に存在していると考えること、成り行きはすでに決まっているという決定論的な考えが強かったのではないだろうか。

それと対照的に、鶴見俊輔も私もまた感じたアメリカ人の行動規範は、まずやってみる、よかったらそれを採用する、もし、ダメだったら別のことを試す。こういう時は、こうと決まっているわけではない。したがって、お役所などでよく言われる「前例がないからダメ」ということはない。むしろ反対で「前例がないからやってみよう」の方なのである。

これが縦の時間的な捉え方の違いとすると、他人との比較という横の空間的な違いもある。日本では他人と違うことを嫌う傾向があるが、アメリカでは反対に他人と同じであることを嫌う傾向がある。これは精神科医で作家のなだいなだも指摘していた。

話がやや変わる。大学受験の時、日本では進学先が理系か文系かで大きく進路が分かれる。一つには、受験科目の違いもあるだろうが、この二つには男と女というのと同じくらい本質的な差があると考える人が多いのではないか。

対照的に、アメリカの学生は自分は理系であるとか、文系であるとかいう意識があまりないのだろう。割と気楽に宗旨替えをする。これは大学に限ったわけではなく、世の中に出てからも守備範囲を大きく変える人がよくいる。

決定論は人生の幅を限定してしまう。将来は未定なのである。試してみる価値は常にあるのである。運命（すなわち、天命によって定められている歴史の展開）という考え方を捨てることから人生設計は始まるのだ。

第八章　縁を紡ぐ

今回一番お話ししたかったことは、自分の人生は自分だけで作るのではなく、周りにいる人々とのやりとりから出来上がっていくということであった。私がどのような工夫をしているかをお話しして、まとめとしよう。

一人修学旅行

付き合いを増やすという意味で、十代の頃の思い出では一人修学旅行がある。積極的に知り合いを作ることの楽しさを知った経験だった。私の通っていた中高一貫の男子校では、中学の修学旅行は東北（仙台）で高校の修学旅行は、関西（京都）と決まっていた。しかし、修学旅行の意義が私には納得いっていなかった。確かにどこかに行ってみんなでワイワイと騒ぐことも楽しいかもしれないが、お金を使ってわざわざ観光旅行で遠くまで行って、すでに知っている仲間が一緒に泊まることもないだろう。修学というのだから、もっと問題意識を持って行き先と内容を決めるべきだ。

私の造反が始まる。お仕着せのコースをただ回るのではなく、私は自分で計画し、見たいところをじっくり歩きたいと思った。積み立てた旅行費用を返してもらって、京都などとケチなことは言わず、西日本大探検、四国の端、九州の端まで一人で行こうと計画を立てた。

担任の先生に、私の考えを率直に話したら、快く（かどうかは知らないが、とにかく）許してくれた。旅行に行かないで、その積立金で何かを買おうというわけではなく、みんな一緒の代わりに自分一人での修学旅行というのだから文句はないだろう。

一人修学旅行で訪ねようと計画した行き先は、四国地方（足摺岬・室戸岬・石鎚山）、九州地方（大隅半島・薩摩半島・国東半島・長崎・開聞岳・阿蘇山・霧島）、中国地方（秋芳洞・青海島・鳥取砂丘）など。ただ京都への短期の団体旅行相当の旅費で、ある程度長期間、四国・九州まで一人で回るというのだから、工夫しなければならない。

汽車賃の方は周遊券を買えばいい。問題は宿屋だ。そこから私の人脈開拓のマーケッティングが始まる。あらゆる伝手を使って、一夜の宿を乞う手紙作戦を立てた。日本中に散らばっている祖母や母の旧友に、私は直接知らない人たちだが、手紙を書いた。春休みに一人修学旅行を計画しているので一晩泊めていただけないだろうかと。

ただ知人の孫、あるいは息子というだけで、会ったこともない高校生を泊めて、食事を出し、案内までしてくれる。痛烈に性善説を信じるようになった経験だった。ここまで来るのだったら、どこそこまで足を延ばしたらいい。そこには弟一家がいるから泊まればいいとか。コネのコネで厄介になったところもいくつかある。お礼は母がしてくれたが、私も旅行が終わってから簡単な旅行記を作って送った。

本当に親切な人が多いのだ。もてなしてくれるだけでなく、お土産まで用意してくれる。荷物になるからと、母や祖母あてに東京の家に送ってくれた人もいた。そのうちの圧巻は、生きた鶏。シャモチャボといって、チャボなのだが、毛並みも荒い気性もシャモのような鶏だ。私が欲しそうに見ていたということで、帰宅した頃を見計らって鉄道チッキ（そんな言葉知ってますか）で送ってくれた。そのチャボのつがいは子どもを生んで、その子孫がどんどん増え、私が大学に行って卒業して留学した後も、我が家では毎朝コケコッコーの声が響いていた。七、八年は卵もごちそうになっていた。

ところで、チッキとは何か？　昔の鉄道には「チッキ便」という小荷物輸送があって、客車に荷物も載せていた。旅客は「きっぷ」、荷物には「チッキ」を買うのである。チッキの語源は、預り証を示す英語のcheck、あるいは、乗車券ticketが訛ってといわれている。

今は、そのチャボを送ってくれた人の長女の方が、つけ揚げ（薩摩揚げ）を送ってくれる。昨年末も届いた。人のつながりは、代を超して続くのである。

語り合うことの大切さ

ハーバードにいたのはたった四年だったのだが、いろいろな人と出会った。今でも続いているつながりも多い。日本人の学生の集まりのようなものがあって、年中集まって飲んだり食べたりしゃべったり。そして、日本に関係のある方々とお話をする機会を作っていた。

ライシャワー（Edwin O. Reischauer〔1910-1990〕）教授ご夫妻とすき焼きパーティをしたことがあった。教授は終始英語で通された。一方、松方ハル夫人はきれいな日本語で話してくださったことを覚えている。また、教授陣では数学の広中平祐・日本語学の久野暲・日本文学の板坂元の諸先生とは、休暇になると年中集まってお話をしていた。久野先生や広中先生は、ご自宅で奥様も一緒のことも多かった。

学生仲間では、通産省からは荒井寿光（のち、特許庁長官）・中川勝弘（のち、トヨタ自動車副会長）・伊佐山建志（のち、日産自動車副会長）、経済企画庁から大来洋一（お父上の大来佐武郎氏に次いで、親子二代で経済白書執筆）、また中谷巌（のち、一橋大学教授、多摩大学学長）・技術工学の松本隆（のち、早稲田大学教授）など。多くは夫婦でのお付き合いだったので長続きしている方も多い。

荒井さんには私の日本滞在ビザの問題でもいろいろご相談に乗っていただいたし、また技術経営の本を書いた時、国の特許制度について教えていただいた。中川さんには自動車産業関係でご紹介していただいた。今は奥様の中川絢子さんから、和歌の歌集をいただくたびにメールの交換をしている。松本さんとは早稲田の研究室に伺っていたし、ゼミの学生さんにもお世話になった。今でもメールを交換している。中谷さんからは、社外取締役の役割のことでいろいろ教えていただいた。

せっかくの縁をつなげることができなくて、悔やんでも悔やみ切れないことが一度あった。日本語学の久野先生に頼まれて、日本からの訪問者を何度かレストランにお連れしたり、街をご案内したことがあった。ずっと後のことだが、日本語文法の本を読んでいてわかったことは、その人こそ『象は鼻が長い 日本文法入門』（くろしお出版、１９６９）の著者の三上章（1903–1971）先生だったのだ。日本語文法のことを知らなかったという自分の無学のために、絶好の機会を活かせなかった例である。インターネットで調べたら、１９７０年にはハーバード大学に招かれて講義とあるから、この時だろう。そして、翌１９７１年にお亡くなりになっている。

米国人では数は少ないが、ハーバードで同じ学科だった仲間、ペンシルベニア大学時代の同僚、石油会社での同僚、そして、ベンチャー企業の時の上司などと今でもメールでつながっている。おもしろいのはベンチャー企業時代に顧客だった日本企業の当時の幹部の方と、今でもお互いの趣味の発表会などについて連絡がある。見に行ってお話しすることもある。

ちょうど、この原稿を書いている時に、松井孝典(東京大学教授、千葉工業大学学長、

1946–2023）の訃報に接した。松井さんとは、ヒューストンのＮＡＳＡ月科学研究所Lunar Science Instituteにいた時、夫婦同士でお付き合いいただいた。私が月鉱物のデータを集めるために、客員研究員としてひと夏過ごした時のことである。その数年後には、私のいた石油会社の研究所にも、来てくれたことを思い出す。惑星科学でいい仕事をされましたね。

次に小学校から大学までのクラス会のことを見てみよう。小学校や大学の学友とはコロナ禍前までは結構連絡して集まっていたが、今は一旦停止の状態。しかし、中学高校の同期会である「教駒八期会」（当時は教育大学附属駒場であった。その八期生）はコロナ禍でも、休むことなく毎年レストランで特別な配慮をしてもらって、懇親会をしている。さらに、おしゃべりだけではなく、七十歳と八十歳の記念に各自原稿を持ち寄って『古稀記念文集』・『傘寿記念文集』（Ｂ５判、約二百五十ページ）を作った。次は米寿（八十八歳）かなと今から話している。ここでも同期会の幹事の一人として、感じやすい青春の六年間を共に過ごした旧友との会合設定を手伝っている。

この十年ほどで新しい仲間が増えているのは、地域住民の集まりを通じてである。近くは住んでいるマンションの理事会。マンションでは、以前は茶話会や全館のお祭りもやっていたが、今は中断。コミュニティでは地域の「図書館友の会」で、読書会や講演会を続けている。加えて「四団体の会」という多摩市の四つの地域住民のグループの連絡会と「多摩市の社会公共施設を考える会」では、今でもZoomで月例会をしている。共に、この十年ほどで通算百回を超えている。また、だいぶ前に閉鎖した近くの中学校の跡地にサービス付き高齢者住宅を建ててほしいという地域住民の集まりにも賛同している。これは、毎月実際に集まっている。

市民運動を通じて知り合った人たちとは考え方を共有していることが多いので、話しやすい。何よりも議論を通じて、自分の考えの足りなかったことを思い知って、いい勉強になる。そして、そうか自分は考えが甘かったと反省することしばしば。そのたびに背中を押された気持ちになる。それぞれの生き方に尊敬の気持ちを感じる。

縁をつなぐ工夫

人との絆は切れやすい。昔からの友達でもごく親しい仲間はいいのだが、それほどではないと音信が途絶えがちになる。新しく知り合った人では、せっかくの機会を、いかに生かすかが課題だ。私が使っているのはメールの他に年賀状と絵葉書である。歳を取るともう年賀状は失礼しますというのが増えているが、私は増えてはいないが減ってもいない。今でも毎年二百通ほど書く。印刷の挨拶文ではなく、その人宛の文章を手書きする。一日に十枚書いても二十日かかるので、十一月後半には書き始める。

もう一つは絵葉書。手紙よりハガキの方が受け取る方も負担が少ないだろうと、自分で撮った写真で作った絵葉書を出す。絵葉書は、百種類を超している。さらに工夫して、誰にどの絵葉書をいつ出したかわかる情報を表計算ソフトで集計できるようにしている。これは、同じ人には、なるべく同じ絵葉書は出さないように、また出す頻度があまり高くなったり、低くなったりしないようにするためである。時々見て、あっ、この人には随分長いこと出してないなと季節の挨拶など出すことになる。年に二百枚出した年もあったが、最近は年に五十~百枚である。

LinkedIn

LinkedInとは、職歴・学歴・技術的能力など、専門家としての独自の経歴を紹介するネットワークである。経歴のつながりのある登録者のリストが出るので、以前一緒に仕事をした人や、職業的関心の近い新たな人を見つけることができる。

昔関係のあった人が、実にたくさん出ていて、あっそうだった、名前や写真で思い出す。そして、メールを出すとまた新たなつながりができるというわけである。

私自身も、昔の同僚の現状を知り、交流を再開するのに大変有効に利用している。もう、私は新たなプロジェクトを開始することはないが、まだ、若くて新たなビジネスコネクションを考えている人には、大変有効なインターネットサイトでもある。時々、あれ、仕事を変わったのは何年何月だったかなぁと、ここに登録してある自分の履歴書を見返したりすることもある。

日本語修行

「大橋先生、日本語お上手ですね」講演の後で学生の一人が言った。返す言葉がない。

出張や私用で帰国した時企業や大学で講演することが多かった。いつも、後で思いつくのだが、この時も「僕の日本語？　君の英語と同じくらいかな」と皮肉ってやればよかった。東京生まれの東京育ちだから、それほど気になるアクセントもないだろう。いろいろ考えて、私の結論は言葉の使い方や表現の仕方が時代遅れで、学生は変だけれどまぁわからないこともないと感じたのだろう。

そこで、退職後日本に帰国してからの課題が増えた。日本語の、それも、講演や原稿での改まった日本語の表現を練習しようということだ。

知り合いの出版社の分部康平社長に相談して、そこの技術雑誌に連載をさせてもらうことにした。私が最後の十年ほど関わっていたテーマで、「マシンビジョン・ビジネスのためのＭＯＴ（技術経営）」というのを毎月載せていただいた。原稿はあらかじめ編集長と編集部の女性に見てもらうことで、勉強になった。十八回連載したら、同名の本（産業開発機構２００６）にしてくれた。

雑誌連載は、それだけでは終わらず、今度は編集長や編集部員も巻き込んで、「ビジョン探検隊がいく」というのを、三人共著でさらに四十回続けた。画像認識の最新情報をまとめたり、画像処理関連の会社や大学の研究室などを訪問して、インタビューしたりする企画だった。社長、それに編集長や編集部員の方々の支援に心からお礼を申し上げる。

講演も結構忙しかった。長さからいうと一時間もの・二時間もの・中休みを入れての三時間ものなどさまざま。それに加えて一日目六時間、二日目四時間、計十時間という二日にわたるセミナーを企画してくれた会社まであった。

このような公式な日本語を語る一方で、もっと気楽に雑談の日本語を試す気になって、初めは旅行記、その後は日々思いついたことなど書き散らした。旅行記はエジプト・チベット・カナダ・スエズ・喜望岬・ボルネオ・ウィーンなど。テーマ別では、「太平洋を越えて」、「癌元年」、「遊行期宣言」などである。写真や図表が多い。インクジェットのプリンターはもっていたが、カラー印刷の質と印刷スピードのためにレーザープリンターを追加購入した。初めは、A5判、その後、B5判で、百二十～百三十ページ。打ち込みからページ割り付け・印刷・製本まで全部一人でした。これは私的なものなので、読者をこちらが選ぶという気持ちで、友人、知人に差し上げた。本ではないから「冊子」と呼んでいる。これまでに、十六種類の冊子を作ってきた。

雑誌連載・講演・冊子配布などで新しい知り合いもできたし、同時に昔からの友達との縁をつなぐこと、むしろ、強くすることもできた。人生百年に向けて、これからの二十年近く友達からの応援を期待している。

あとがき

ここまでお読みいただき感謝感謝である。これまでにお話ししたことをまとめておく。

人生には自分ではコントロールできないことが、思いもよらず次々と起こるものである。その時どのように対処するか、自分自身の心構えをあらかじめ作っておくことだ。嘆くことよりもまず、現実を一旦受け入れること。そして、自分だけでなく誰かに相談すること。そのためにはあらかじめ話せる仲間を増やしておこう。

直接、問題について話すのではなくとも、一緒にしゃべっているだけで落ち着いてくるようなことも多い。早い話、夫婦の間でも年中深刻な話ばかりしているわけではない。しかし、ただ話しているだけで、落ち着くことも多い。次に何か書くことがあったら、「雑談の効果」でも書こうかと思うくらいだ。

振り返ってみると、大学から企業の研究所に移った時を境に、私は二つの人生を生きてきた気がしている。鉱物学・結晶学の研究者としての私はその時点で死んだ。一度死んでみて、結局人生は何をやるかよりも、どんな人とつながりができるかという感じだけが残った。

学問的な師はもちろんだが、自分では知らないところで私のことを見ていて、必要な時に救いの手を差し伸べてくれた人に恩を感じる。直接指導していただいた竹内慶夫先生、バーナムBurnham先生、ポスドクの時のボスであったフィンガーFinger、カーネギー地球物理学研究所長だったヨーダーYoder、同じカーネギー研究所でお世話になった久城育夫（東京大学）。

そして、少し離れたところから支援してくれたのが、プレウィットPrewittとパパイクPapike（共にニューヨーク州立大学ストニーブルック）、ギブスGibbs（バージニア工科大学）、ブラウンBrown（スタンフォード大学）、ピーコーPeacor（ミシガン大学）、ロスRoss（地質調査所）、アップルマンAppleman（スミソニアン博物館）などアメリカの研究仲間たちだった。

それに加えて、わざわざペンシルベニア大学の私の研究室を訪ねてくれたリーボーLiebau大先生（ドイツ、キール大学）、また、バーナム研究室の後輩であり、時にはライバルであり、友達でもあったベブレンVeblenやヘイゼンHazenなど、何人か私の成長に多少なりとも期待してくれていた人たちの気持ちには応えられなかったなぁと申し訳ない気もしている。しかし、私としては今考えても、この大学から民間企業への宗旨替えは我が人生の大正解であったと確信している。私の前世はこうして幕を閉じた。その時、私は四十二歳であった。こういうことも、人生にはあるのだということをわかっていただけたら、本望である。このように、前世の私に期待していてくれた人々に、心からお礼を申し上げる。

学校や職場、あるいは家庭で起こった問題は比較的短期間に様子を変えられることが多い。一方、病気や怪我など肉体的な問題は長く続くことが稀ではなく、気長に付き合っていかねばならないことが多い。それで、長々と持病の話をしてしまった。

まず、自分の哲学を理解してくれる医者を見つけることだ。そしてまた、持病で悩む方には、〝ケリ〟の付け方というか割り切り方で参考になることもあるかと思う。つい最近も、脂肪肝の疑いがあると超音波画像を撮られた。肝臓に脂肪がたくさんついているだけではなく、胆石もたくさん見えると脅かされた。それではどうするか。お年を考えると、そっとしておきましょうというのが結論。胆石で痛みが出てきたら別ですがということだった。あっ、この先生、私の気持ちが、わかってきたなぁと思った。いい医者に巡り合った。

なぜ、〝新書〟を書きたくなったのかをお話しして、結びにしよう。地域の図書館友の会で、新書読書会を企画しているくらい、私は新書人間なのである。新書は文庫と対象的に新しいテーマの新刊が多い。今、世の中でどのようなことが起こっているのかがわかる。そして、何よりも専門家相手ではなく、一般の読者を対象としているから、自分の知らなかった分野のものも読みやすい。八十歳を過ぎた私であるがジュニア新書もよく読む。そして、私の好奇心はどんどん広がる。

新書を書くという今回の試みでは、トップダウンで全体の構成を考えながら書くという、今までにしたことがなかった訓練を自分に課そうと思ったのである。もちろん、文章の書き方ということもあるが、第一は自分の主張を効率的に読者に伝えるにはどう書いたらいいかということだ。論文や教科書は、初歩の説明からだんだん難しい理論へと、言ってみれば直線的に進む。しかし、新書のような一般的な読者が対象であるものでは、全体像から回転しながら同じテーマに戻って少しずつ詳しくというような螺旋的な書き方がいいのだろう。

幸い、幻冬舎メディアコンサルティングでは私のような素人にも書き方を指導してくださるという。次の日本語修業にチャレンジすることにした。そして、もう一つなぜ、今の時点で新書でまとめておこうと決心したかもお話ししておこう。

終の住処の覚悟で、多摩市に越して来てから十年を越した頃、そろそろ自分の人生も次のステージに入るなという自覚があった。そして、この一、二年は次の〝プロジェクト〟を考えている。すでにお話ししたように、これまでの関心はコミュニティであった。それは続けていくだろうが、後期高齢者の私の経験や考えを、もっと若い年代の人たちへ伝えておきたい。それは、広い意味で「教育」である。すなわち、「教える・教わる」から「共に学ぶ」、そしてさらに、「自発的に考えてもらう」と進む時の最後の段階である。

例えば、三十〜四十歳代で、一応仕事にも慣れて周りを見たら、新しいことに気がついて、転職を考える若者がこの本を手に取ってくれて、そうか人生って、いろいろ展開があるものなのだな。一本道ではなく分岐点があるのなら、よし自分もそれを見つけてやろうと感じてくれたら、私の本望だ。人生には災い転じて福となすということも多いのだ。そういう意味で本の形に残しておきたいと思った。

さて、話が長くなったのでこの辺でペンを置く、正確にはキーボードから手を離すことにしよう……と思ったのだが、固い話が続いたので最後は軽く、飲み物の話で終わることにする。

私は酒もタバコも飲まない。その代わりに飲むのは、コーヒー・紅茶・緑茶、最近はお抹茶も点てる。五十年ぶりである。もう正座はできないので立礼であるが……。それに飲み水は炭酸水である。コーヒーは炭焼き焙煎のピーベリーだ。といってもわからない方もおられると思うので説明すると、コーヒー豆には二種類あって、一つの実に二つ豆が入っているのが平豆で豆は半球状。ふつう手に入るのはこれである。これに対して、小さい豆が一つだけ入っているのが丸豆である。ピーベリーといわれるもので全収穫量の三〜五％程度とごく少ない。ピーベリーは均一に熱が加わりやすく、焼きムラができにくく、クセが少ない。中煎りはまろやかで軽い口当たり、深煎りは濃厚な風味とコクが楽しめるという。

コーヒー豆を売っている店でも置いていないことが多いが、常にピーベリーを置いている店を見つけた。さらに、ここは焙煎が違う。

多摩市には私も以前は会員だった炭焼きクラブがあり、そこで焼いた炭を使って炭焼き焙煎コーヒーを作っているのが、そのクラブの会長である友人。赤外線の効果によってコーヒー豆が内部から加熱され、ふっくらと焙煎され、炭火の香ばしい風味がコーヒーに付くので、より香ばしい風味になるというのがキャッチフレーズ。その友人がやっている「炭火焙煎珈琲豆工房ＫＩＫＩ（樹喜）」からの「炭火焙煎ピーベリー」が私の一服である。

さらにもう一つ、その友人の店から新しいコーヒーの産物「カスカラシロップ」というのを手に入れた。コーヒーの〝果肉〟（豆のまわりの部分）や果皮から作ったシロップである。そうかコーヒーも豆が直にではなく、アンズやビワのように、タネの周りに果肉があったのだ。

これも、人脈のおかげで人生の楽しみが広がった例である。それでは、失礼して一杯いただくことにする。

【謝辞】

恩師・学友・同僚・さまざまな機会に知り合った方々、それにとりわけ家族からの応援と助言に心から感謝。おかげで八十歳過ぎまで無事生きてこられた。あと二十年、人生百歳に突入するまで見ていてほしい。

新書を書くということが、長いこと私の望みだった。その夢を実現させてくれた幻冬舎の皆様に心からお礼を言いたい。編集・校正・進行と、それぞれのプロフェッショナルな仕事ぶりに感激した。おかげで、さらにもっと書き続けたいという気持ちになっている。

著者紹介

大橋慶一（おおはし よしかず）

一九四一年生まれ。X線結晶学・鉱物学専攻。東京大学で学士号・修士号。ハーバード大学で博士号。カーネギー地球物理学研究所を経て、ペンシルベニア大学助教授、珪酸塩鉱物の結晶構造解析。ARCO石油ガス会社中央研究所で超音波ボアホールテレビューアシステム開発。コグネックス社で、半導体製造・検査装置用の画像認識システム開発。晩年に、技術開発から技術経営へ。著書に『マシンビジョンビジネスのためのMOT技術経営』産業開発機構-2006。

幻冬舎ルネッサンス新書 261

米国《べいこく》への往復《おうふく》きっぷ　人生計画《じんせいけいかく》の展開《てんかい》

2023年8月10日　第1刷発行

著　者　　大橋慶一
発行人　　久保田貴幸

発行元　　株式会社 幻冬舎メディアコンサルティング
〒151-0051　東京都渋谷区千駄ヶ谷4-9-7
電話　03-5411-6440（編集）

発売元　　株式会社 幻冬舎
〒151-0051　東京都渋谷区千駄ヶ谷4-9-7
電話　03-5411-6222（営業）

ブックデザイン　　田島照久
印刷・製本　　中央精版印刷株式会社

検印廃止

ISBN978-4-344-94587-6 C0295
幻冬舎メディアコンサルティングＨＰ
https://www.gentosha-mc.com/